垣内俊哉
ミライロ代表取締役社長

バリア
バリュー

障害を価値に変える

BARRIER VALUE

新潮社

はじめに――高さ106センチの視点から

2013年、1月30日。

私は日本武道館のステージに立っていました。

8000人の観客の熱気が、舞台の上の私にも伝わってきました。

そして、私の名前が呼ばれたとたん、ワアッと歓声と拍手が沸き起こったのです。

……といっても、私はミュージシャンでも、アイドルでもありません。

私は「株式会社ミライロ」というベンチャー企業の経営者です。

この日はビジネスコンテスト「みんなの夢AWARD」に出場し、ありがたいことに最優秀賞をいただきました。

日本一に選ばれた私の夢とは、「ユニバーサルデザイン」を世界に広げること。性別や年齢、障害の有無にかかわらず、誰もが自由に自らの人生をデザインし、歩んでいける社会をつくることです。

あらゆる障害《バリア》は、価値《バリュー》に変えられる――私がミライロをつくった時から追い続けてきた夢が、多くの人々の心に届いた瞬間でした。

私は、骨が弱くて折れやすいという魔法にかけられて生まれてきました。

今日まで骨折は20回くらい、手術も十数回と、人生の5分の1は病院で過ごしてきた計算になります。幼稚園から小学校低学年の頃までは、何とか歩けていたのですが、小学校4年生の頃から車いすに頼らざるをえなくなりました。

今、車いすに乗っている私の目線の高さは106センチです。

思春期の頃は、「歩けるようになりたい」「車いすでなければよかったのに」「普通になりたい」と思い詰め、障害を克服しようと必死で努力していた時期もありました。障害を克服できないと悟り、絶望の淵に立ち、自ら命を絶とうとしたこともあります。

でも、ある時「自分は誰のために歩きたいのだろう」と考えたのです。答えは、「自分のため」でした。それは自分のことだけを考えて生きているのと同じです。

それなら、自分は何のために生きたいのか。

家族のため、仲間のため、恋人のために生きなければと気づけた時、足で歩くことが自分のすべてではないと思えたのです。

「歩けなくても、できることがある」そう思えるようになった時、私はずいぶん気持ちが楽になりました。そして、そんな思いはいつしか「歩けないからこそ、できることがある」という考えに進化していったのです。

ずっと車いすに乗ってきたからこそ、社会に隠れている不便さや不自由さに気づけるのではないか。高さ１０６センチの世界で生きているからこそ、他の人とは違う視点で物事を見られるのではないか。それを活かせば、他にはないビジネスを創造できるかもしれない——そのように考えて、学生時代にミライロを立ち上げました。

そして、ミライロはユニバーサルデザインという広大な未開拓市場《ブルーオーシャン》を見つけて、設立6年目にして年商2億円の企業に成長したのです。２００１年時点で2兆2億円、２０２５年には16兆円になると言われる市場規模を考えれば、今よりも１００倍、いや１０００倍大きくすることも、決して叶わぬ夢ではないと信じています（90頁コラム3参照）。

この本では、皆さんに「バリアバリュー」という思考法をお伝えします。

バリアとは、狭義では「障害」のことですが、この本ではもっと広く捉えて「弱点」「短所」「苦手なこと」だと思って下さい。障害であろうが、弱点であろうが、人が生きていく上で「バリア」になっているという点では同じでしょう。

そして、「バリアフリー」(障害を取り除く)ではなく、「バリアバリュー」(障害を価値に変える)というところがポイントです。

もちろん障害を取り除くことも大切なことです。建物のバリアフリー、心のバリアフリー等々、バリアフリーはどんどん進めるべきでしょう。

でも、人それぞれが持つバリアは、本当に克服しなければいけないものでしょうか?

もちろん「障害」はない方が良いに決まっています。しかし、それが時に「価値」へ変わる瞬間があります。見方を変えれば、それが「強み」になることもあります。

だからこそ、障害を無理に克服しようと思うだけではなく、そこに「価値」や「強み」が隠れていると信じて、向き合ってみてはいかがでしょうか。

実際、私も自分のバリアを見つめ直したことで、自分の人生を賭けて挑戦したいと思える夢を手に入れることができました。

視点をちょっと変えるだけで、人生は大きく変えられます。

そんな「目線の変え方」を本書から読み取って、明日からの日常生活やビジネスに少しでも役立ててもらえれば幸いです。

コラム1　ユニバーサルデザインとは？

ユニバーサルデザインとは、文化や言語、国籍、年齢、性別の差異、障害や能力にかかわらず、誰もが利用しやすい施設・製品・情報のデザインのことです。１９９０年代に米国のロナルド・メイス氏が提唱しました。

日本ではこれまでバリアフリーという言葉が主に使われてきましたが、これは障害者や高齢者など「弱者」のバリアを取り除くという考え方でした。多様な方々が暮らす現代の日本においては「あらゆる人」を対象にするユニバーサルデザインという言葉を普及させていくべきだと私は考えています。

例えば、スロープや自動ドアは車いす利用者だけではなく、足腰の不自由な方やベビーカー利用者にとっても便利な設備です。この他にも、高齢者や子供も洗濯物が取り出しやすい斜め型のドラム式洗濯機など、ユニバーサルデザインを取り入れた設備や製品が増えてきています。

バリアバリュー　障害を価値に変える

目次

第2章　バリアと向き合う　37

第3章　バリアからバリューへ　65

第5章　価値を育てる7つの習慣　119

本書における「障害者」の表記について

株式会社ミライロでは「障害者」と表記しています。「障がい者」と表記すると、視覚障害者が利用するスクリーンリーダー（コンピュータの画面読み上げソフトウェア）では「さわりがいしゃ」と読み上げられてしまう場合があるからです。

「障害」は人ではなく、環境にあると私は考えています。漢字の表記のみにとらわれず、様様な視点から社会における「障害」と向き合っていくことを目指します。

バリアバリュー　障害を価値に変える

第1部　バリアがバリューに変わるまで

第1章　自分のバリアに気づく

バリアバリューとは何か

バリアバリューとは、言い換えれば「短所を長所に変えよう」という考え方です。

それだけなら、昔からよく言われていることで、とくに目新しいことではありません。

とはいえ、いきなり「短所を長所に変えましょう！」と言われても、ほとんどの人は「そんなこと言われても……」と戸惑うのではないでしょうか。

自分が深く気に病んでいる短所ほど、それをバリューに変えようなんてなかなか思えないものです。何とかして取り除きたい、克服したいと思うのが人間の性《さが》でしょう。

まさに私自身がそうでした。

どんなに頭の中で「悩んでも仕方がないんだから、切り替えよう」と考えたところで、気持ちはすぐに「歩きたい」という一点に戻って来てしまいます。歩きたい、歩けない、でも歩きたい、でも歩けない……まさに出口の見えない無限ループの底にはまり込んでいました。

そんな時に、いきなり素性《すじょう》もよくわからない人間に「視点を変えればいいんだよ」と言われたところで、空しく響くだけでしょう。「やれるもんなら、やってみろ！」と毒づきたくなるかもしれません。

そこで、まずは私の人生を振り返りながら、バリアバリューという思考法の生い立ちを皆さんに紹介したいと思います。

もちろん、私のバリアだらけの人生を披露《ひろう》するのが目的ではありません。皆さんには、あくまで「どうすれば自らのバリアをバリューに変えられるのか」という視点から読んでいただければと思います。

「あるきたい　いつかみんなと　はしりたい」

1989年4月14日、私は愛知県の安城《あんじょう》市で生まれました。五体満足で元気な産声をあげ、とくに普通の赤ちゃんと変わるところもなさそうでした。ただ、後で判明することですが、私はある魔法をかけられて生まれてきたのです。

「骨形成不全症」、二万人に一人の割合で発症する病気です。人の骨は本来、カルシウムと「I型コラーゲン」というタンパク質の組み合わせで、鉄筋コンクリートのように丈夫になっています。でも私の骨には、このI型コラーゲンがありません。つまりこの魔法は、人の骨を鉄筋のないコンクリートのように脆《もろ》くしてしまうのです。

両親がそれに気づいたのは、私が生まれて一カ月が過ぎた頃でした。夜泣きが止まらなくて病院で診てもらったところ、骨形成不全症だと診断されたのです。

この病気は遺伝性のものです。じつは父親も同じ病気だったので、両親も半ば覚悟はしていたと思います。とは言え、いざ現実と向き合うと、やはり大きなショックだったよう

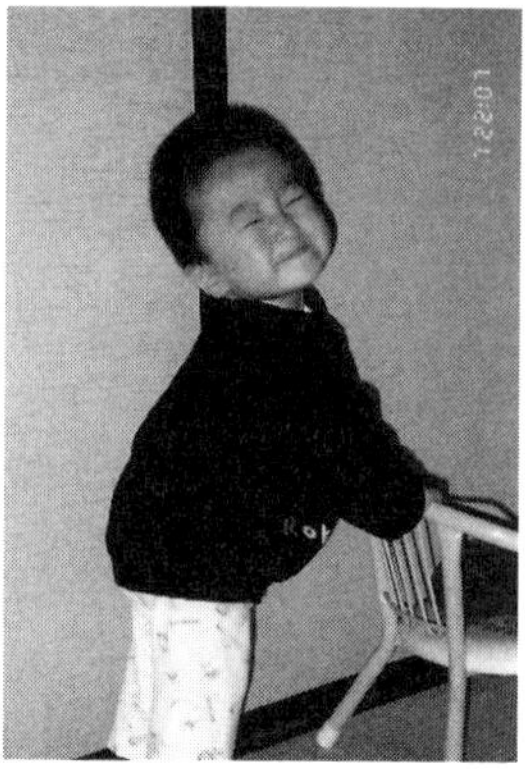
初めてのつかまり立ち

です。

私が初めて歩いたのは3歳の時でした。初めて歩いた日、母はうれしくて涙が止まらなかったといいます。

幼稚園の頃、私はまだ歩けていました。アルバムには、他の子と一緒に走り回ったり、泥だらけになって遊んでいる写真が残っています。それでも、走って転んでは骨折、友だちとふざけあってはまた骨折といった感じで、しょっちゅう病院に担ぎ込まれていました。

その頃に作った川柳（?）があります。

あるきたい　いつかみんなと　はしりたい

この句を読み返すたびに、心が疼《うず》くような、勇気が湧くような、とても複雑な気持ちになります。

私は今でも「歩きたい」、「走りたい」と、心の底から強く願っています。決して歩くことを完全に諦《あきら》めたわけではありません。

バリアバリューとは、無理やり「バリアを忘れろ」とか「バリアを克服するのを諦めろ」などという考え方ではありません。「バリアをバリューに変えよう」という発想と、「バリアを克服したい」と思う気持ちは、両立します。むしろ後者をエネルギーにして、前者が達成されるのだと思います。

どこまで本気で信じられるか

小学校に上がる時、両親は私を地元の小学校に通わせたいと考えていました。幼稚園で仲の良かった友だちと同じ環境で、たくましく生きていく力をつけて欲しいと願っていたのです。

ところが、教育委員会から待ったがかかりました。教育委員会は、周りの子とぶつかってケガをしたら危ないので、養護学校（現・特別支援学校）に入ってもらいたいとの考えでした。

母は何度も教育委員会に出向いて、「地元の小学校に通わせたい」と訴えました。母の懸命な説得のおかげで、毎日親が付き添うという条件付きで、何とか入学を認められました。

毎日学校に付き添うのは、母にとって大きな負担でした。もっとも、学校側も何かと気を遣うので大変だったらしく、幸いにも半年ほどで付き添いは免除となりました。

さて、体が不自由な子供が学校でイジメに遭うというのはよくある話ですが、私の場合、幸運なことにイジメにはほとんど遭いませんでした。

ただ、まさに登校初日の入学式の時、同級生に「おい、チビ！」とからかわれました。

私は成長が人より遅く、背が小さかったのです。

子供心に、自分が他の子より背が小さいことが気になっていたので、深く傷つきました。

家に帰って私はぼろぼろと涙をこぼしました。

そんな私を見て、母も一緒になって泣いていました。

「大丈夫。俊哉なら悲しいことも乗り越えられると信じて、神様はこの試練を与えたんだよ」

母は泣きながらそのような内容の話をしてくれました。今考えると、よくある励ましの言葉かもしれません。でも、母が本気でそう信じてくれていることが伝わってきたので、私も「そうか、自分は乗り越えられるのか」と素直に受け止められました。幼いながらに、とても救われる思いがしたことを覚えています。

バリアだらけの人生を歩んでいく中で、その後も何度も挫けそうになり、時には自ら命を絶とうとしたこともあります。それでも何とか踏みとどまれたのは、この時の母の言葉があったからかもしれません。

言葉というものは、もちろん内容も大切ですが、結局は言っている本人が「どこまで本気で信じているか」によって、その持つ力が変わってくるのでしょう。

この本でお伝えする「バリアバリュー」というメッセージも、皆さんの力となるよう、本気で伝えていきたいと思います。

歩かないと、歩けなくなる

小学校に入ってからも、私は何度も骨折をくり返しました。

それでも両親は私を過保護に育てることはありませんでした。学校で友だちとぶつかって骨折した時も、友だちの両親は真っ青になり、泣きじゃくる友だちを連れて謝りに来てくれました。母は「いいの、いいの。気にしないで。これからも一緒に遊んでね」と文句の一つも言いませんでした。

学年が上がるにつれて、私も「ここまでは安全だけど、これをやったら危ない」とわかるようになりました。骨折すると痛いし、入院すると学校の勉強についていけなくなる。私は徐々に「歩かない」という選択をするようになっていきました。

4年生の頃にも骨折をして、3カ月ほど入院をしました。退院後もしばらく車いすで生活していたのですが、これが大きな分かれ道となりました。

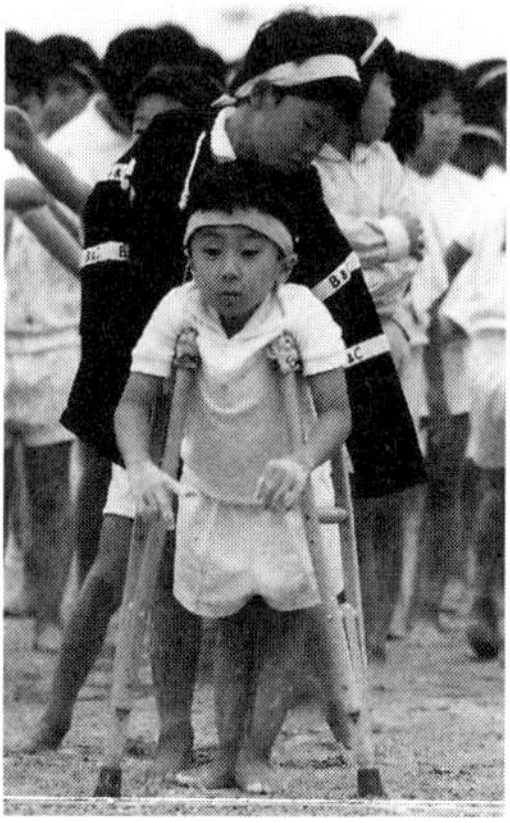

小学校3年生の運動会

歩かないと骨に圧力がかからないので、骨の成長も止まってしまいます。ただでさえ脆《ぜい》弱《じゃく》な私の骨は、車いすに乗っているうちに、徐々に私の身体を支えることができなくなってしまったのです。5年生になる頃には、すっかり車いすで生活を送らざるをえなくなりました。

人は歩かないと、歩けなくなる——これもバリアだらけの人生で学んだ、貴重な教訓です。

いつのまにか「かわいそうな人」に

小学5年生の、ある日のこと。

休み時間にクラスメイトが運動場に遊びに行こうとしている時、担任の先生がふとこう言いました。

「今日、俊哉くんと遊んであげる人は誰？」

私はその一言が引っかかりました。まるで、「俊哉くんはかわいそうな子なんだよ」とみんなに言っているように感じたのです。

思春期を迎えて、私は徐々に自意識が敏感になりはじめていました。その時は女の子たちが教室に残って遊んでくれましたが、胸に何か重いものを詰め込まれたような気分だったのを覚えています。

もちろん、先生としては、私が一人になったらかわいそうだという思いやりから、声をかけてくれたのでしょう。それでも、先生の気遣いに対する感謝の気持ちは5%ぐらい、残りの95%は怒りを感じていました。

こんなこともありました。

ある日、私は掃除当番をサボり、消しゴムと箒《ほうき》を使って友だちと教室で野球をしていました。女子が「ちょっと、手伝ってよ！」と怒っても、男子は聞く耳を持たない。そこで女子が先生に抗議し、ホームルームで怒られる……お決まりの展開です。

この時、一緒に遊んでいた友だちはみんな、先生に叱られました。ところが、私だけは「俊哉くんは障害者だから、掃除ができなくても仕方がないからね」と言われたのです。

その日、私は「生活ノート」という学級日誌に、「遊んでいて掃除をしなくてすみませんでした」と書き込みました。すると、それを読んだ同級生の女の子から、「とし君は歩けないから仕方がないよ」と言われたのです。

ショックでした。もちろん、担任の先生も、その女の子も、悪気はなかったでしょう。ただ、私は「自分は『普通』ではないんだ」「みんなに『かわいそう』と見られている存在なんだ」と思い知らされました。

自分では、友だちとの間に壁はないつもりでしたが、実は高い壁があったようです。考えてみれば、いつも一緒にいる友だちの中にも、何となく「とし君と遊んであげ、て、いる」という意識を漂わせている友だちがいたことに気づきました。

この頃から、私は「自分は障害者なんだ」と強く自覚するようになり、心の中にそれまで存在しなかったバリアが生まれたのです。

「遊びたい」と思われる存在になる

「とし君は、かわいそう」「とし君と、遊んであげる」。

このような私を特別扱いする視線に対して、その「配慮」に対する感謝の気持ちは5％

ぐらい。残りの95％は誰に向けることもできない怒りでした。

この「95％の怒り」がどこに向かうか。今思えば、この時、人生の一つの分かれ道を迎えていたように思います。

幸いなことに、この怒りのエネルギーは、周囲を恨んで自分の殻に閉じこもろうとする方向ではなく、友だちに媚びたりする方向でもなく、「それなら、どうすればみんなに一緒にいたいと思ってもらえるんだろう？」と解決策を考える方向に向かいました。

校庭で無理してみんなと一緒に遊ぶよりも、みんなに「垣内と一緒に教室で遊ぶ方が楽しい」と思わせてやろう。

そう考えて、教室でできる面白い遊びをいろいろあみ出しました。テレビのお笑い番組でやっていたネタを披露してみたり、とにかくみんなを笑わせ、楽しませようとしていました。禁じ手ですが、こっそりゲーム機を持ち込んだこともあります。

また、なんだかんだ言って、男子は外で遊ぶ日も多いので、女の子とも教室で一緒に遊んでいました。どうすれば、女の子たちからも「一緒に遊びたい」と思われるようになるかと考えて、あやとりも、折り紙もマスターしました。あの頃は、女の子と一緒にあやとりをしながら、「嵐の松潤《マツジュン》、カッコいいよね〜」などという女子トークにも、普通に参加していました。

女の子と一緒にいる時間が長かったので、私のコミュニケーション能力は他の男子に比べて格段に高くなったように思います。自分だけ話すのではなく、しっかり相手の話に耳を傾けるなどの作法が、この頃に自然と身についたように感じています。今でも女性とはとても波長が合うので、たとえ女子会に参加したとしても普通に話せるんじゃないかな、と思います(笑)。思わぬところで私のコミュニケーション能力は磨かれていったのです。

生きていく上で、人から傷つけられたりすることは、誰もが経験することでしょう。そこから先をどうするかが、その人の人生の分かれ道になるように思います。

「95%の怒り」をマイナスのエネルギーとして溜め込んでおくか、あるいはポジティブなエネルギーに転換するか。今でも行き場のない怒りを感じるたびに、自分に問い直すようにしています。

第2章　バリアと向き合う

バリアが敵になった時

中学もそのまま地元の公立校に進むことができました。家から学校まで10分もかからない距離でしたが、通学路の途中に2～3センチの段差が数カ所ありました。

自力で何とか越えられる段差だったものの、担任の先生と校長先生が「垣内君がスムーズに通学できるよう段差を解消しよう」と教育委員会から予算をとってくれました。そのお金でベニヤ板やアスファルトを買い、同級生みんなで段差にスロープをつけて舗装しました。

当時はまだ、バリアフリーという言葉は今ほど世間に浸透していなかったと思いますが、その時初めて「不便な環境でも使いやすく変えられる」と学んだのです。

地元の中学校なので、小学校から慣れ親しんでいる友だちばかりで、また後で触れるように望んでいた野球部にも入部でき、中学生活は思いのほか順調にすべり出したかのように見えました。

しかし、中学生と言えば、人生で最も多感な時期です。楽しい日常生活とは裏腹に、小学高学年の頃から芽生え始めた「自分は障害者なんだ」という自意識はどんどん膨らみます。私は徐々に、障害に対して、心の中で折り合いをつけることが難しくなっていました。得意のコミュニケーション能力だけでは、心のバリアを越えられなくなって来たのです。

そして中学3年生の時、ついに自分の障害を受け容れることができなくなる決定的な出来事がありました。第三者から見れば大した話ではないかもしれません。しかし、私にとっては、今思い返しても胸が苦しくなるような記憶です。

修学旅行で2泊3日の行程で広島に行くことになりました。ところが、先生から「親の付き添いがなくてはダメ」と強く言われて、渋々、親についてきてもらうことになったのです。

年頃の男子としては、親同伴の旅行など恥ずかしくてたまりません。友だちとも心から騒ぐ気になれず、一日目から気分は沈みがちでした。

二日目は離島へ行く予定になっていました。一日目の夜、私は「どうしても親の付き添いなしで行きたい」と先生に訴えました。でも先生は「付き添いがなくては連れていけない」の一点張りで首を縦に振ってくれません。

私は「みんなも手伝ってくれるから、親の付き添いがなくても行けます。特別扱いしないでほしい」と言いました。

すると、先生はきっぱりとこう言いました。

「あなたを特別扱いしないということが、特別扱いすることになる」

私は何も言い返せませんでした。コミュニケーションの限界を感じました。世の中には越えられない壁があると知ったのです。

おそらく先生は、ほかの生徒に目を配るだけでも精一杯で、とても私のことなど気にかける余裕はないと判断したのでしょう。

一晩中、悩んだ末に、私が下した決断は「先に帰る」ことでした。先生に対する反抗でした。受け止めきれない現実から目を背けたかったのです。

二日目の朝、バスに乗り込む友だちを見送りながら、私は深く帽子をかぶり、顔を隠して泣いていました。

帰りの新幹線の車内で、私は親と口をきけませんでした。私の頭の中は「歩けるようになるしかない」、「歩けないなら、もう生きている価値がない」という考えでいっぱいだったのです。

この時の私は「バリアはバリューに変えられる」などとは、とても思えませんでした。バリアはあくまで克服すべき「敵」だったのです。

スカートの中が見えても嬉しくない

高校は第一希望だった市内の公立校に入ることができました。同じ中学からその高校に進学したのは十数人くらい、ほとんどの同級生は他校出身でした。

その高校は4階建てで、エレベーターや車いす用の昇降機などはありませんでした。小中学校と連れ添ってきた友だちにならともかく、出会って間もないクラスメイトに「車いすを運んでほしい」と頼むのは気が引けます。

それでも仕方がないので、クラスメイトに車いすを運んでもらい、自分は階段を四つ這いで上っていました。

四つ這いで移動していると、周囲の視線が突き刺さります。しかも、当時、制服のスカートを短くするのが流行していたこともあり、女の子のスカートの中が見えてしまうこともありました。クラスメイトからは「お前いいなあ、見放題で」と言われましたが、嬉しいどころか悔しさばかりが募ります。スカートの中が見えないように、ひたすら顔を伏せて上るようにしていました。

そんな姿をなるべく人に見られないよう、私は誰よりも早く学校に来て、誰よりも後に帰っていました。それでも、授業と授業の間の移動は避けられません。4階で授業がある時などは、一つ前の授業の時間から「今日は誰に頼もう」「どこの階段が空いているかな」と気になって、授業は上の空でした。

そんな調子で、私は悶々《もんもん》とした日々を過ごしていました。常に誰かの顔色を窺《うかが》い、誰かの手を借りなければいけない生活に、私はほとほと疲れ切っていたのです。

それまで頑張っていた勉強にもまったく身が入らなくなり、無気力で自堕落な生活を送りました。気づけば、髪は茶色に染まり、耳にはピアスが光るようになりました。タバコを吸い始めたのも、この頃です。

弱い者扱いされないように、必死に強がっていました。私は自ら、周囲との壁を作ったのです。

彼女と手をつないだ日

そんな高校生活に、大きな転機が訪れました。

しばらく暗い話が続いてしまったので、ここで恋人とのちょっと甘酸っぱい話を入れることをお許しください。

彼女は中学時代の同級生でしたが、高校生になってから互いに恋愛感情を抱くようになり、自然な流れで付き合うことになりました。

幸い彼女は別の高校に通っていたので、階段を這い上がっている私の姿を知りません。

彼女と一緒にいる時は、私は精一杯の背伸びをして、カッコつけていました。

その時こだわっていたのが、彼女には絶対に車いすを押させないということ。坂道などで、せっかく彼女が「車いすを押そうか？」と言ってくれても、頑《かたく》なに断っていました。「俺が彼女を守らなければいけない」「車いすを押してもらったり、手助けしてもらったりするのは、男として情けない」と思っていたのです。

あの頃は彼女に自分の弱いところ、カッコ悪いところを見せたくないと必死でした。裏を返せば、それだけ私は車いすに乗っている自分のことを、深く恥じていたのです。

そんなある日、デートの最中に、突然、彼女から「手をつなごう」と言われました。それに対して、私は「片手では車いすを漕げないから」と断りました。

実は、やればできないことはなかったのですが、車いすの私と手をつないで歩いていたら、彼女が周囲から好奇の目で見られてしまうのでは……と遠慮したのです。本当は嬉しかったし、本当は手をつなぎたかった。そんな心の中とは裏腹に、私は小さなウソをついたのでした。

すると彼女は「片手で漕げるように練習してよ！　付き合っているなら、手をつなぐのは当然でしょ？」と、私に言いました。

私はハッとしました。彼女は私と一緒にいることを、まったく恥ずかしいと思っていないのだと気づいたのです。

「車いすに乗っていることは格好悪い」「歩けないことは恥ずかしい」――そうやって見下しているのは、他の誰でもなく、自分自身だったのです。

ありもしないバリアを自分で作って、勝手に苦しむ。当時の私は、バリアバリューどころか、まさに正反対のことをやっていました。

その後、私は必死に車いすを片手で漕ぐ練習をして、晴れて彼女と手をつないで出かけるようになりました。隣で嬉しそうに笑う彼女を見て、私は胸がいっぱいになりました。

人生初のプレゼンテーション

彼女と一緒にいる時は楽しく、心穏やかでいられました。

一方で、学校生活の悩みについては何一つ解決したわけではありません。私は毎朝のように「今日の移動はどうしよう」と思い悩む日々を送っていました。

そして、16歳の秋、私はとうとう「高校を辞めよう」と決意しました。障害を克服したい、歩けるようになりたいという、幼少期から募り続けた思いが爆発したのです。

私は学校を休んで、足の手術と術後のリハビリができる病院や施設を探し回りました。お年玉を使って、東京、栃木、大阪、広島と、一人で何人もの医師に話を聞きに行ったのです。

両親は「そこまでしなくてもいいんじゃないか」と止めましたが、私は聞く耳を持ちませんでした。その頃は反抗期のピークで、イライラのあまり「どうしてこんな身体に生んだんだ！」と、両親に言ってはならない言葉をぶつけてしまったこともありました。それでも両親は怒ることもなく、黙って私のすることを見守ってくれました。

最終的に、私は骨形成不全症に対する治療の第一人者であった大阪医療センターの廣島和夫先生に手術をお願いすることに決めました。

高校の三者面談の際に、私は「進路考察パターンについて」という、両面3枚組のワード資料を用意して、担任と親の前で人生初のプレゼンテーションをしました。

「このまま無理して学校に通っても、現状は変わらない。今、学校を辞めて手術とリハビリをすれば、自分の足で歩けるようになるかもしれない。手術する医師も、入院する病院

進路考察パターンについて

前提

①できるだけ早く骨切り手術を受けて、足で歩くことにチャレンジしたい。

②このことは、両親も理解している。しかし、１月に手術をすることに賛成しておらず、
３月まで学校に行き単位を取ることのほうが先決と考えている。

③両足の変形の進行により足の痛みが悪化し、手術のリスクが増大する。

④この手術にチャレンジすることにより、高校卒業には４年間掛かってしまう。

⑤また、他校への転校、養護学校への転校も考えられる。

⑥大学進学を希望。

上記の前提に立って、次のようなパターンが考えられる。

ケース１：１月に手術する(中津高卒業)

１２月まで現在の学校に行き、来年の１月から休学する。
最大１年間休学しても、再来年の１月には現在の高校の
１年生に復学でき、同期の仲間とは１年遅れになるが、大学
進学が狙える。
４年間で卒業なので、浪人はしないよう、しっかり勉強する。
ただし、現在の学校がバリアフリーになる見通しがないとすれば
復学しても、行動には不自由が生じる。
このケースは、勉学優先ケース。

ケース２：１月に手術する。(本人希望)

ケース１と同様に来年の１月から休学するが、手術・リハビリが
終了したら、別の学校に転校する。つまり、養護学校か、バリア
フリーの定時制・通信制の学校に転校し、１年生の単位不足を補い、
４年間で高校を卒業する。
また、一旦中津高に戻り、単位不足を補ってから転校する手もある。
学校に通いながら、近隣の病院で訓練を行う。
転校後は、よほどしっかりした信念で勉強しないと、大学進学は困難。
すぐに転校先が見つからなければ、見つかるまで現在の学校は休学
しておき、転校先が見つかり次第、転校する。
勉学と訓練が両立できる可能性が高い。
強い信念で行動することが必要なケース。

プレゼンテーション資料の１枚目

も、術後のリハビリ施設も決まっている。ヤケになって高校を辞めるのではなく、自分の人生をより良い方向に進めていくステップである」——そう私は力説しました。

当然、親と先生からは猛反対されました。それでも最後は「退学ではなく休学する」という条件で認めてもらえました。おそらく、後先考えずに逃げ出すのではなく、高校生なりに必死に人生を考えた末の結論だということが伝わったのでしょう。

その時のプレゼンテーションの資料は今でも残っています。

自分で言うのも何ですが、高校生が作ったにしてはよくできているなと思います。相手が気になるであろうポイントを予測して、先回りしてきちんと回答を用意する。それは今でもプレゼンテーションに臨む時、私が気をつけていることです。

努力が結果に結びつくとは限らない

人生初のプレゼンテーションを経て、17歳の春、高校を休学して、手術とリハビリに専念することになりました。

手術は8時間に及びました。車いすに座った生活を送り、長く使わなかった骨が曲がっていたので、骨を切って矯正する手術を受けました。「骨切り術」といって一本の骨を3等分にする大がかりな手術です。

手術が終わり、廣島先生から手術は成功したという説明を受けました。

「これでようやく歩けるようになる」と希望が湧いてきました。あとは私がリハビリを頑張るだけです。

自分の足で歩いている姿を想像すれば、どんな厳しいリハビリにも耐えることができました。

しかし、手術から二カ月ぐらい経った時、廣島先生が私にこう告げました。

「残念だけど、骨がうまくくっついていない」

手術はたしかに成功しました。しかし、術後の経過はまた別の話です。この手術をすると、一カ所はつながり、もう一カ所はつながりにくいというケースが多いらしいのですが、私の場合は両方ともつながっていませんでした。

いくらリハビリをしたところで、ほとんど成果が上がらなかったのも当然です。

「もう歩けないということですか」

私がそう訊くと、先生は気の毒そうに「簡単ではないだろう」と言いました。

その時の絶望感は忘れられません。その後も先生は何かの説明を続けていましたが、まったく頭に入ってきませんでした。

その夜、私は自ら命を絶とうと意を決しました。

夜中の二時頃に病院の屋上に向かい、柵に手をかけ、よじ登ろうとしました。ところが、私の足では、それすらもできませんでした。

「自分は飛び降りることすらできない」

こみ上げる涙を抑えきれず、私は柵にしがみついて泣きました。

バネは縮んだ分だけ伸びる

明けない夜はない。

そんな言葉もありますが、深い闇の中にいる時は、夜明けが訪れるとは思えないものです。

初めての自殺未遂のあと、私は何もする気になれませんでした。形だけは治療とリハビリを続けたものの、それ以外はベッドの上でぼんやり過ごしていました。

夜もよく眠れず、考えごとをしているうちにまた涙があふれてきます。私はほかの患者さんに泣き声を聞かれないよう、枕に顔をグーッと押し付けて毎晩のように泣き明かしていました。

ある日、リハビリを終えて部屋に帰ると、ふと向かいのベッドにいるおじいさんと目が合いました。

その方は富松さんといいました。事あるごとにナースコールを押し、看護師さんにあーだこーだと細かい文句をつけていたので、正直、面倒くさそうな人だなと思っていました。それでも目が合ったので、何も話さないのはさすがに気まずいと思い、「こんにちは、いい天気ですね」と話しかけました。

すると富松さんは不意に立ち上がり、私のベッドまでゆっくりと歩いてきました。そして、私の横に腰掛けて「あんまり具合がよくないのか？」と尋ねてきたのです。

私が毎晩泣いていたのを、富松さんは気づいていたのかもしれません。

それまで誰とも話す気がしなかったのに、なぜか私は富松さんに、自分の身体のことや、思いの丈を堰《せき》を切ったように話し始めました。

富松さんはたまに「ほう」と頷《うなず》きながら、私の話を静かに聞いていました。そこに同情や哀れみの雰囲気は一切なく、逆にとても話しやすかったのを覚えています。

私が話し終えると、富松さんは静かに言いました。

「君はちゃんと登り切った先の景色を見たのかい?」

君はやれるだけのことをやったのか、という意味だと私は受け止めました。

私は目が覚めるような思いでした。

リハビリを始めて、まだ3カ月。これまで17年間願い続けてきた「歩けるようになりたい」という想いを諦めるには、短すぎる期間です。

自分はまだまだやり切っていないのだと気づきました。

さらに、富松さんは続けて言いました。

「人生はバネなんだよ。今、君はしんどい時期だろう。顔を見たらわかる。それはバネがギュッと縮んでいる時期だということだ。いつかはわからない、すぐじゃないかもしれないけど、そのバネはいつかバシッと伸びる。それを信じて、今を乗り越えなさい」

一つ一つの言葉が、私の心の中に染み入るように流れ込んできました。

富松さんの言葉に背中を押され、私はもう一度チャレンジしてみようという気持ちを取り戻しました。

登り切った先の景色

それから私は、ふたたび死に物狂いでリハビリに取り組みました。24時間ダンベルを巻いて生活したり、立ちながら食事をしたり、考えつく限りのことを試しました。富松さんはそんな私を静かに見守ってくれました。

その後、ギプスが外れると大阪の病院を退院し、愛知県のリハビリ専門の施設に移りました。

そこから先は、さらに過酷なリハビリに挑みました。朝起きたら車いすの後ろに20キログらいの重りをつけて走ったり、昼間はプールに入って歩く練習をしたり、重りを付けて膝の屈伸運動をしました。さらに、夜になって他の患者さんがベッドに入ったら、杖をついて院内を歩き回る。

それでも、歩けるようになる兆しは一向にありませんでした。

限界までチャレンジしようと心に決めていたものの、「ここまで努力してもダメなのか」と、その後も二度ほど心が折れかけたことがあります。どちらもリハビリ施設から一時帰宅する途中でした。

近所の橋の上で、「ここなら高いフェンスもないし、飛び降りることができる」と、欄《らん》干《かん》に手をかけました。ところが、橋の下を覗いた時、「登り切った先の景色を見たのかい？」という富松さんの言葉が脳裏によみがえってきました。

まだまだ登り切ってない。

病院でのリハビリテーション

私はハッとして踏みとどまりました。自分のバネを自分自身で断ち切らずに済んだのです。

そして17歳の冬。

私は約10カ月に及ぶチャレンジに終止符を打つことにしました。それは「自分の足で歩く」という、私にとっては人生そのものと言っても過言ではない夢を諦めることでした。

その頃には、もはや歩けるようになる自分の姿がまったく想像できなくなっていたのです。

長年の夢を諦めるというのに、さほど挫折感はありませんでした。自分でも不思議でしたが、リハビリを最後の最後までやり切ったという想いがあったからではないかと思います。

あの時、富松さんに声をかけてもらえず、中途半端な状態でリハビリを投げ出していたら、こんな気持ちになれなかったでしょう。おそらく、その後も障害を憎み、歩けない自分の人生を呪いながら生きることになっていたと思います。

「登り切る」ということは、何も頂上に立つことだけではありません。たとえ望みどおりの結果を得られなくても、自分で心の底から「やり切った」と思えれば、それも「登り切った」ということなんだと思います。

登り切った先に見えた景色は、入院した頃に見たかったものとは違いました。しかし、私はとても晴れ晴れとした気持ちで、まっすぐ前を見つめることができるようになっていたのです。

コラム2　富松さんの手紙

　その後、富松さんとお会いすることはありませんでした。

　お礼を言いたくて病院に連絡してみたのですが、すでに退院された後でした。

　でも、それからずいぶん経って、一通の手紙が届きました。差出人の氏名もなければ住所もなく、ただ「風来坊」とだけ書かれていました。

　すぐに「これは富松さんだ」とピンときました。封を開けると、手紙と一緒に、私が病院でリハビリをしている写真が添えられていました。

　今でもこの手紙は、私の宝物として大切にとってあります。

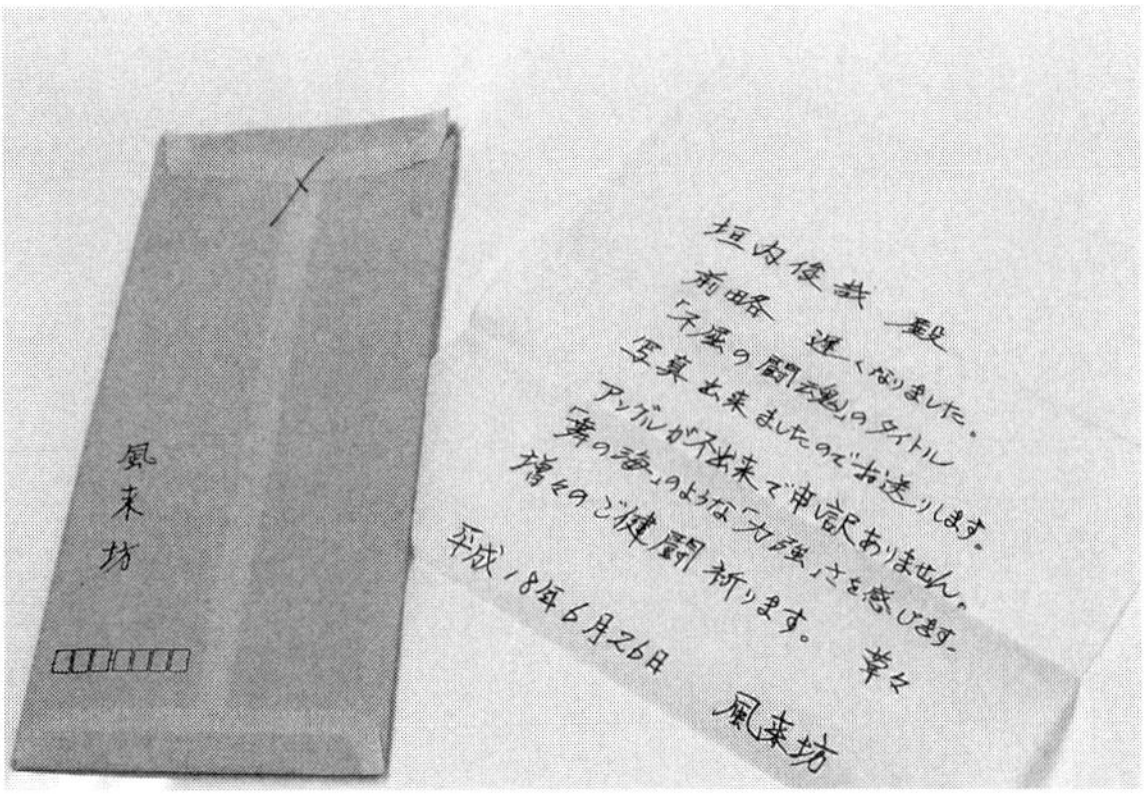

歩けなくてもできること

もう自分の足では歩けない。

では、そんな自分を好きになるには、どうしたらいいのだろう？

それが私の新たなテーマになりました。

それまでは、ひたすら「歩けるようになる」ことしか考えていませんでした。ようやく私も人並みに「将来の目標」について考えるようになったのです。

ものづくりに興味があったので義肢装具士の道を考えました。しかし、よく調べてみると、義手や義足、車いすを作る作業を車いすに座ったまま行うのは難しいことがわかりました。

そこで、自分の手で作ることができないなら、お金をたくさん稼いで、義肢装具や車いすを製造する会社を作ればいいと考えました。

とは言え、この頃は「世のため人のため」なんて気持ちよりも、「事業を起こして大儲けしたら、自分をカッコいいと思えるようになるかもしれない」という考えの方が勝っていました。

起業家になると言っても、何の知識もなければ、経験もない。一緒に事業を起こす仲間もいなければ、もちろん先立つ資金もまったくない。

さすがに、今すぐ起業をするのは無理だろうと思い、とりあえず大学へ行くことにしました。そこで経営の知識や経験、そして起業する仲間を探そうと考えたのです。

大学に行く——それが「歩く」に代わる、私の新たな目標になりました。

偏差値33からのスタート

最短ルートで大学に行くため、高校には復学せず、高卒認定試験（旧・大検）を受けることにしました。

高卒認定試験は年に二回あります。気持ちはすでに大学に向かっていたので、「半年で高卒認定を取って、あとの半年で受験勉強だな」と軽く考えたのですが、現実はそれほど甘くはありませんでした。

　私は高校の授業は半年しか受けていないので、高校の基礎学力はほぼゼロの状態です。実際、最初に受けた模試の偏差値は33。これでは大学進学どころか、受験資格すら得られないかもしれないと真っ青になりました。

　それからは毎日朝から晩まで12時間、一心不乱に勉強しました。後にも先にも、あんなに勉強した期間はありません。あまりに長時間ペンを握りしめていたので、指がちょっと曲がってしまったぐらいです。今でも、ふと、この曲がった中指を見ると、「あの時の自分はよく頑張ったな」と勇気づけられます。

　猛勉強の甲斐があり、高卒認定試験には無事合格し、センター試験間近には偏差値が60を窺《うかが》うところまで伸びていました。

　そして、私は起業するための知識をしっかり学べ、しかも車いすでも不自由なく通学できそうな大学を探して、立命館大学の経営学部を受けることにしました。

　とはいえ、立命館は偏差値が60前後。私の学力ではギリギリの状況です。最後の一カ月で、どこまで学力を伸ばせるかが勝負の分かれ目でした。

受験直前の惨事

ところが、そんな時、最悪の事故が起こりました。

その日、予備校の先生に「立命館は厳しいだろう」と言われ、私は落ち込みながら車いすを漕いでいました。すると、たまたま私の前を歩いていた人が、すっと道を空けてくれたのです。

「早く通らなきゃ」と思い、車いすのスピードを上げた瞬間、何かにタイヤをとられました。「ヤバイ!」と思った時にはもう遅く、車いすはひっくり返って、私は地面に叩きつけられました。

「あ、これは折れたな」

今まで20回近く骨折した私には、すぐにわかりました。体中に激痛が走り、起き上がれません。周りの人に助け起こしてもらい、車いすに座ってからも、しばらく動けませんでした。

激痛の中で、私は受験のことを考えていました。試験まであと二週間。健康な人でも、骨を治せる期間ではありません。

「くそっ、くそっ」と、私はずっと心の中でつぶやいていました。「また歩けない身体のせいで道を閉ざされるのか」。最悪のタイミングで、最悪の事態を招いてしまった自分に、強い憤りを感じていました。

激しく動揺しながら、私は家にいる母に電話をしました。

「車いすごとひっくり返った……骨が折れたかもしれない！」

私は何とか声を振り絞りました。

「あ、そう。今、タカ（弟）のうどんを茹でているから、救急車で先に病院に行ってて」

……拍子抜けするほどあっさりとした母の対応に、逆に私は落ち着きをとり戻しました。

おそらく母は意図してそのようなリアクションをしたのではないでしょう。単に、骨折というトラブルにはもう慣れっこになっていただけだと思います。

今になって思えば、不測の事態に際しては、いささかも動じたそぶりを見せず、普段通りに対応することが、周囲に落ち着きを与えるのだなぁと納得します。

自分の意志で歩く

救急車で運ばれ、レントゲンを撮ると、案の定、骨が折れていました。緊急手術を受け、そこから寝たきりの入院生活が始まりました。

試験日までに退院することは不可能でした。立命館大学に問い合わせたところ、「会場まで来られるなら、寝たまま試験を受ければいい」と言われました。

急いで民間の救急車を手配し、当日の移動の段取りをつけました。

その日から、寝たきりのまま受験勉強を再開しました。看護師さんたちは私が受験生だと知ると、寝たきりでも勉強できるようにと作業台を作ってくれました。中には、夜食を差し入れてくれた看護師さんもいました。

受験当日、私は手配した救急車で試験会場まで運ばれ、ベッドに寝たままの状態でテストを受けました。教室の一番前に陣取っていたので、会場にいた他の受験生たちが「なんだコイツは」という目で見ているのがわかりました。

看護師さんたちから頂いた寄せ書き

それでも私の集中力は落ちませんでした。時間が経つにつれて手が上がらなくなり、書く文字もミミズのように弱々しくなっていきます。試験を終えた時には、疲れで頭が真っ白になっていました。

それでも「やり切った」という充足感はありました。

大学の合格発表は、携帯電話で確認できるシステムになっていました。発表日、私は朝早くに起きて、すぐに大学のサイトを開きました。早すぎてまだページが更新されていなかったので、「まだか、まだか」と数分おきに確認していました。

何十回目かのクリックで、ついに合格発表のページに切り替わりました。

そこには私の受験番号がはっきりと記されていました。

「受かりましたーっ！」

私はナースコールを押して、サポートしてくれた看護師さんたちに叫びました。

遠く離れたナースセンターから「わーっ！」という声が聞こえてきました。すぐに看護師さんたちが駆けつけて、「おめでとう」「頑張ったね」と次々と声をかけてくれました。

母に電話で報告すると、母は電話口で泣いていました。付き合っていた彼女も大興奮で、何度も「おめでとう！」と言ってくれました。私は多くの人に支えてもらって、ここまで来られたのだな、としみじみ実感しました。「足で歩けない」ことを知った日とは違う、温かい涙が流れました。

この時、私は人生で初めて本物の「達成感」を味わうことができたような気がします。「自分の足で歩く」という夢は叶いませんでした。それでも、確かに自分の人生を、「自分の意志で歩いている」という実感を得ることができたのです。

第3章　バリアからバリューへ

車いすで営業成績ナンバーワン

大学に入ってすぐ、一つの計算をしました。学費や家賃、水光熱費、一年でどれだけのお金が掛かるのだろうと。すると、年間で250万円、365日で割れば、一日あたり6849円でした。

さんざん「自分で歩く」「自立する」などと言ってきた手前、両親に甘えるわけにもいかず、アルバイトをすることにしました。

アルバイトとは言え、やはり車いすだと採用してくれる会社はなかなかありません。

色々探し回った末にようやく、ある服のデザイン会社が私を拾ってくれました。パソコンは得意だったので、服のデザインのソフトウェアを組む仕事をやることになったのです。

しかし、時給８００円のバイトだけでは苦しかったので、同じビル内にあるＷｅｂ制作会社で、アルバイトを掛け持ちすることにしました。

採用が決まった時、私はてっきりパソコンを使ってホームページの制作をやるんだと思い込んでいました。

ところが、出社初日、社長からいきなり「お前、営業をやれ」と命じられたのです。

「えっ、僕がですか？」と驚きました。まさか車いすで営業に回るなんて、考えてもみませんでした。

それでも、やれと言われたからにはやるしかありません。私はパンフレットを持って、飛び込み営業に回りはじめました。

「こんにちは」私が車いすで会社に入ると、その場にいる全員が驚いた表情をして凍りつきます。はじめはその反応が嫌で、パンフレットを置いて、逃げるように飛び出していました。

さらに困ったのが、せっかく当たりをつけた会社に行ってみても、入り口に段差があったり、ビルにエレベーターがなかったりして、オフィスに入ることすらできないことです。他の営業マンは一日100件近くを回っているのに、私はせいぜい10～20件しか回れませんでした。

でも、やっぱり他の営業マンには負けたくありません。数をこなせない中で、どうすれば契約を一件でも多くとれるのだろうかと考えました。

私が出した答えは「同じ会社に何度も通う」でした。

私は多少なりとも脈アリと感じた会社には、たとえ雨が降ろうとも、足繁《しげ》く通いました。そうしているうちに「また車いすの営業が来た」「今週も垣内が来ている」などと顔を覚えられ、契約を結んでくれる会社が徐々に増えていきました。そして数カ月も経たないうちに、私はその会社で営業成績ナンバーワンになっていたのです。

ある日突然、社長が私に言いました。

「歩けないことに胸を張れ。お客さんに覚えてもらえているなら、それは営業マンにとって大きな強みだ。実際に、お前は結果を残しているじゃないか」

車いすに乗っていることが自分の強みである――思い返せば、幼少期から「歩きたい」と願い続け、限界を知って「歩けなくても」できることを探しました。

そして、その先に「歩けないから」できることもあると、新たな光を見たのです。

この経験は「バリアバリュー」という概念が、はっきりとした形となって現れた瞬間でした。

本気で怒られた時の感動

その社長は、どんな時も私を特別扱いしませんでした。

ある日、私はほんの数分、会議に遅刻をしました。すると社長は「お前、仕事をナメてんのか！」とものすごい勢いで私を叱ったのです。

「たしかに車いすで移動するのは大変かもしれない。でも、それを計算して余裕を持って、移動したり、電車やバスを調べて移動することが、社会人としての務めじゃないのか」

それは私にとって初めての経験でした。給食当番をサボっても怒られず、何をしても「車いすだから、仕方がない」と言われ続けてきた私を、社長は本気で怒ってくれたのです。

私は神妙に頭を垂れながら、こみ上げてくる嬉しさを感じていました。

この出来事を機に、私は障害を理由にして何かから目をそむけないこと、逃げないことを心に決めました。

一人目の仲間と出会う

ミライロの副社長となる民野《たみの》剛郎《たけろう》とも、この頃に出会いました。

経営学部のアントレプレナー（起業家）学系で、たまたま同じクラスでした。

最初は「イケメンで背が高くて、いけ好かないヤツだなあ」という印象でした。同級生に先駆けて、ビジネスサークルで講演やイベントを企画していて、何となくライバル心を掻き立てられる存在でもありました。

そんな民野とパートナーとして付き合うようになったのは、ほんの小さな出来事がきっかけでした。

当時、一部の学生たちの間では、学食でごはんを食べ終わった後、ジャンケンで負けた人がみんなの食器を片付けることが暗黙のルールとなっていました。最初は私も参加しようとしたのですが、いつも「垣内はいいよ」と言われてしまい、そのうち始めからジャンケンの輪に加わらなくなりました。私はいつも、みんなが盛り上がっている光景をすこし寂しく感じながら眺めていました。

ある日、たまたま学食で民野と一緒になりました。二人でごはんを食べるのは初めてでした。ごく普通に世間話をしながら食べ終わり、席を立とうとした時でした。

「はい、ジャンケン」民野が私の前に手を突き出したのです。

私は内心驚いて民野の顔を見ましたが、民野は淡々とした普通の表情をしていました。特に意識することもなく、ごく当たり前に「お前もこれくらい持てるだろう」と考えているのがわかりました。

結局、私はジャンケンに負けて、民野の食器も運びました。

他愛のない出来事ですが、私は「ああ、こんなにフェアに考えるやつがいるんだなあ」と思ったことを覚えています。

付き合っていくうちに、民野はあまり周りを見ていないようでいて、実はとてもよく見ていることがわかりました。私とも、私に何ができて何ができないのかをしっかりと見定めた上で、接していたのです。

この「相手をよく見る」という点は、バリアをバリューに変えていく上で、非常に重要なポイントなので、後ほど改めて触れたいと思います。

300万円の起業資金

民野には、起業を目指す、強い想いがありました。小学生の頃に、経営者だった父親を亡くし、いつからか父親を超える存在になることを夢見て、会社を作ることを目標としていたのです。

私も必ず起業しようと考えていたので、その点で民野とは通じ合うところがありました。

そのうち、私たちはお互いを起業する際のパートナーとして認めるようになりました。とは言え、起業するにしても、先立つものがないと何もできません。私と民野は「ビジネスコンテストで賞金を稼ぐ」という目標を掲げました。

他の友人3名も加わって、VAN（Value Added Network）というチームを結成し、ビジコン（ビジネスコンテストの略）に次々とエントリーしました。

当初はとにかく「手っ取り早く賞金を手に入れたい」としか考えていませんでした。そんなノリで、当時流行っていたフリーペーパーやイベントビジネスに関するプランを提出しては、軒並み書類審査の時点で落とされていました。

落選が続き、さすがに私たちも焦って来ました。私も民野もやる気だけは人一倍でしたが、逆に言えばそれしかない。競合相手との差を生み出せるようなバリューが何もありませんでした。

結果的に辿り着いたプランが、「らくらく大学ナビ」という、バリアフリー関連のビジネスだったのは、必然だったかもしれません。当時、他の競合相手にはなく、私たちだけが持っているバリューと言えば、私が車いすに乗っていることぐらいしかなかったのですから。

以前の私だったら、「車いすに乗っている自分が、バリアフリー関連のビジネスなんて、ありきたりすぎる」と敬遠したかもしれません。でも当時は、そんなことも気にならないぐらい無我夢中で結果を求めていました。

ちなみに、この「らくらく大学ナビ」は、障害者の視点で大学構内と周辺のバリアフリーマップをつくるというビジネスプランでした。私が大学受験をする時に、各大学が車いすでも通えるかどうかの情報がほとんどなく、とても苦労した経験から発想したものです。

さらに、障害者を雇用して当事者視点で調査をするという、そのまま今のミライロにつながる事業計画でもありました。

私たちはこのプランで、龍谷《りゅうこく》大学が開催するビジコン「プレゼン龍」にエントリーしました。80本近いエントリーの中、本選に進んだのは私たちを含む8チームでした。

　プランの内容には自信がありました。しかし、本選のプレゼンでは緊張して噛みまくり、勝てるかどうか確信が持てませんでした。

　結果発表が始まって、私は祈るように手を組み、目をつぶって発表に聞き入りました。

「プレゼン龍グランプリは……立命館大学、VAN、らくらく大学ナビ！」

　私と民野は抱き合って喜びました。他の仲間とも何度も握手し、気がつくと私を含む全員が泣いていまし

「プレゼン龍」で優勝。前列左が私、右隣が民野。

た。

過去を思い起こすと、私は運動会のリレーに参加できず、野球部でも公式戦には出場できず、何かを仲間と共に真剣に成し遂げるという体験をしていません。大学受験では大きな達成感を味わいましたが、あくまで個人的な達成に過ぎませんでした。

個人で成功するより、仲間と一緒に成功する方が何倍も嬉しいということを、この時、初めて知りました。

「らくらく大学ナビ」を皮切りに、私たちは、その後も多くのビジコンで入賞し、最終的には13もの賞を獲得、賞金総額は３００万円近くにのぼりました。

いよいよ起業の資金ができました。

借金する覚悟

私と民野はビジコンでご縁を頂いた「株式会社ビーウェル」の社長、大亀雄平さんに相談に行きました。

大亀さんは学生時代に会社を立ち上げ、関西を中心に学生マーケティング事業を展開している、学生ベンチャーの大先輩です。

大亀さんはとても温和な人柄で、ずっと私たちの活動を応援してくれていました。私たちは「大亀さんならきっと背中を押してくれるだろう」と期待していました。

ところが、大亀さんは私たちの話を聞いた後、しばらく黙り込んでいました。

そして、厳しい顔でこう言ったのです。

「1億の借金を背負っても、二人で返していけるのか？」

借金をする——まさに寝耳に水でした。

それまで、私たちは会社を立ち上げる資金のことしか、頭にありませんでした。何となく「会社を始めれば、自動的に売り上げが入る」「そこから運転資金を捻出すればいい」と考えていたのです。

しかし、もし売り上げがなかったら、会社を続けていくためには借金するしかありません。大亀さんは「そこまでして、ビジネスをやっていく覚悟があるのか」と問いかけたわけです。

何も答えられませんでした。帰り道、私も民野も沈み込んでいました。ビジコンで優勝していい気になっていましたが、それがいかに甘ったれた学生レベルのものに過ぎなかったのか、思い知らされました。

もし多額の借金を背負うことになったとしても、私の場合、実家も決して裕福ではないし、自分で一生働いて返していくしかありません。とてもシンプルな話です。

しかし、先ほど触れた通り民野の実家は、会社を経営しています。万が一、借金の返済が滞るような事態になったら、私のようにシンプルな話で済むかどうか。民野の気持ちを考えると、私は「一緒にやろう」と強く言えませんでした。

悪いことは重なるもので、その直後に私は風邪をこじらせて高熱を出し、病院へ担ぎ込まれました。ビジコン優勝で盛り上がったのも束《つか》の間、すっかり起業への勢いに水が差された格好となりました。

「本当に今、民野と起業してもいいんだろうか」入院先のベッドの上でそんなことを考えていると、民野が見舞いにやって来て、こう言いました。

「会社、一緒にやろう」

「もし、借金を背負ったら？」

「その時は、50歳、60歳になっても、二人で返していけばいい。今やらなかったら一生、後悔する」

多くを語らないながらも、強い思いが込められた民野の言葉に、私も覚悟を決めました。

2010年6月2日、「株式会社ミライロ」はスタートしました。

忘れられない初受注

大亀さんの言葉通り、現実は甘くはありませんでした。

私たちは、とりあえず片っ端から大学や教育機関に電話をしました。「バリアフリーの地図をつくりませんか」と提案するのです。

「バリアフリー」という言葉のイメージが良いせいか、電話を無下に切られることはそれほどありませんでした。しかし、「考えておきます」「担当者に伝えておきます」とやんわりと断られることが続きました。

用意していた資金はすぐに底をつき、民野は日々の営業に追われながら、コンビニで深夜のバイトを始めました。私はひたすら、営業や講演で駆けずり回りました。今では、お金をもらって請けている講演の仕事も、当時は「とにかくミライロを宣伝しよう」と交通費すらもらえなくとも、どこへでも足を運びました。

私と民野は、自宅兼事務所として借りたマンションの一室で、寝食を共にしながら事業に打ち込みました。とは言え、雨風しのげる場所はあれど、お金がなくて、それこそ明日食うメシがない、という日々が続きました。

当時は朝昼晩と、紀文の「調製豆乳」とカゴメの「野菜生活」で生きていました。豆乳でタンパク質を、野菜生活でビタミンを補うだけの日々でした。気づけば、民野は10キロ以上も体重が落ちて痩せこけて、一方、私は豆乳の美容効果なのか、肌がめちゃくちゃ綺麗になりました。

ある日、電車に乗っていると、民野から電話がかかってきました。

「滋賀県立大の仕事が決まったぞ！」と、民野は興奮しながら報告してくれました。

「えっ、マジで⁉」電車の中にもかかわらず、私は思わず大声を出してしまいました。もし電車の中でなかったら、感激のあまり泣き叫んでいたことでしょう。

私が滋賀県立大学さんに電話した時、担当の方はあまり関心のなさそうな様子でした。すぐに電話を切られることはなかったのですが、私が一生懸命説明しても「うん……うん……」と、時折そっけなく相槌《あいづち》を打つだけ。電話を切った時、「ここはダメだな」と思いました。その方から「ミライロさんにお願いしたい」と連絡があったというので、私はなおさら嬉しく感じました。

栄えある初仕事です。民野とあれこれ議論しながら、滋賀県立大学の構内を隅々まで見て回ったあの時を、今でも懐かしく思い出します。

結局、一期目の売り上げは120万円。

完全に赤字でしたが、それでも、ミライロは何とか最初の一年を生き延びることができました。

「社会貢献」より「儲けよう」

滋賀県立大学の次に決まった案件は、ビジコン「プレゼン龍」でご縁のあった、龍谷大学の仕事でした。この仕事をいただくきっかけを作って下さったのは、龍谷大の社会学部長をされている村井龍治《りゅうじ》教授です。

村井先生は障害者福祉を専門分野とされている研究者で、ミライロをつくる前に、事業内容について相談に乗っていただきました。

「バリアフリーの地図をつくるビジネスをやりたい」「当事者目線からのバリアフリーのコンサルティングもしたい」。

初めてお目にかかった時に、私が思い描いているビジネスプランを語ると、先生は「いいね、いいね」と励ましてくれました。特にありがたかったのは、「頑張って儲けよう」と言って下さったことです。

「社会貢献」だけではなく「儲けよう」。

この一言が私にはとても嬉しく、また大きな励みになりました。

実はミライロを立ち上げる前、多くの人から「バリアフリー関連の仕事をやるなら、助成金を取りやすいNPO法人でやった方がいい」とアドバイスされました。

そうした声に耳を傾けながらも、私は社会性と経済性の両輪で事業を走らせていかないと、結局は長続きしないだろうと考えていました。また、「生きるか死ぬか」の厳しい環境でやらないと、世界を変えるような大きな仕事はできないだろうとも思っていました。

だから、設立3年目に「みんなの夢ＡＷＡＲＤ」で優勝した時も、結局、賞金２０００万円は受け取りませんでした。本業と関係のないところで大金を得てバランスを崩すよりも、本業のプラスにつながる形にしたいと思ったのです。協賛企業の方々には「私たちに必要なのは現金ではなく、雇用を作る２０００万円分の仕事です」と伝えました。

結果的には、これがきっかけで数社から業務の発注をいただき、ミライロの発展につながりました。

「ハード」から「ハート」へ

その後、ミライロのビジネスは、順調に拡大していきました。

一期目はあれだけ必死でやったのに赤字でしたが、二期目には売り上げが10倍に増え、何とか黒字になりました。

一期目の途中から、教育機関だけではなく、企業や公共施設にもターゲットを広げたのが、二期目になって効いて来たのです。

また、二期目からはバリアフリーマップの仕事に加えて、バリアフリーのコンサルティングの仕事もスタートしました。

「ユニバーサルマナー」の研修事業を始めたのも、この時期です。

これは、「ハードは変えられなくても、ハートは変えられる」をコンセプトに、実際に障害のある講師を採用して、障害者や高齢者へのサポート方法についての知識や技術、さらには当事者の心理までを詳しくレクチャーするという事業です。

この事業を思いついたきっかけは、バリアフリーのコンサルティングを始めてみると、予算やスペースの都合でハードを変えることが難しいケースが多かったことです。そのような場合でも、スタッフの対応の仕方などのソフトを変えるだけで、実に多くの問題が解決できることに気づき、きっと需要があるに違いないと考えました。

企業のみならず、社会全体における文化にしようという気概を込め、ユニバーサル「マナー」と名づけました。

研修事業をスタートしてみると、レジャー施設や宿泊施設、結婚式場など、予想以上に幅広い業種の企業から問い合わせを頂き、研修事業は瞬く間にミライロの収益の柱の一つとなりました。今では売り上げの約半分を、この研修関連事業が占めています。

ユニバーサルマナーについては個人からの問い合わせも数多くいただき、２０１３年からは日本ユニバーサルマナー協会を設立し、「ユニバーサルマナー検定」をスタートさせました。

こちらもサービス業や学校、自治体などからの引き合いが多く、これまでに約３００社で検定を実施し、延べ、一万人以上の方が資格を取得されています。

こうして、ミライロの事業の幅はどんどん広がっていきました。現在のミライロのビジネスモデルは、大体この時期にできあがったといえます。

共感が人を呼ぶ

また、研修事業は、ミライロに思わぬ〝副産物〟をもたらしてくれました。

研修の受講者の中から、「ぜひミライロで働きたい」という人が、次々と現れたのです。

実は社員第一号の岸田奈美も、その一人です。

正確に言えば、岸田の場合、まだユニバーサルマナー研修を始める前、それどころかミライロを立ち上げた直後に、私の講演を聞いて「一緒に働きたい」と言ってくれたのです。

その頃、私と民野はたまたま関西学院大学の授業に呼ばれて、ミライロのビジネスモデルを発表する機会がありました。

すると、講演が終わった直後に岸田がやってきて、「私はパソコンを使ってデザインができます。私を雇ってください」と、いきなり頭を下げたのです。

驚いて話を聞くと、中学生の頃に父を亡くしていた岸田は、高校生の時に母親が病気で車いす生活となり、当時は母親とダウン症の弟の生活をサポートしながら、大学の人間福祉学部で勉強していたところでした。将来の進路を模索している中で、たまたま私の講演を聞いて「これだ！」と思ってくれたというのです。

岸田は当時まだ大学一年生でしたが、私と民野は彼女に社員第一号になってもらおうと即決しました。

岸田は今、ミライロの広報部長として、会社の屋台骨を支えてくれています。

さらにその3年後、彼女の母、岸田ひろ実もミライロに入社しました。病気になる前の健常者としての経験、その後の障害者としての経験、さらには障害のある息子の母としての経験、それら「複数の視点」をユニバーサルマナーの講師として活かしてもらっています。今ではミライロきっての人気講師となり、2014年には世界的に有名なスピーチイベント「TED」のスピーカーに選出されるなど、大活躍しています。

他にも、ユニバーサルマナーの講演を聞いて、ミライロに来てくれた仲間がたくさんいます。九州営業所をたった一人で立ち上げた干場《ほしば》佳南大《かなた》が入社したのも、高校生の時に私の講演を聞いたのがきっかけです。今いる社員のおよそ半分が講演やユニバーサルマナー検定が縁で入社してくれた仲間たちです。

企業が成長していく上で、もっとも大事な要素の一つが人材です。しかし、まさにその人材の確保こそが、ベンチャー経営で難しいポイントでしょう。

ミライロの場合は、講演やユニバーサルマナー検定のおかげで、理念や志に共感してくれる、素晴らしい人材を得ることができました。

今では、東京、大阪、福岡の3拠点で30人を雇用しています。ありがたいことにこの3年は一人の社員も辞めさせてしまうことなく、会社を経営できています。

ミライロでＬＧＢＴ市場を開拓している堀川歩が入社したのも、私の講演がきっかけでした。

ＬＧＢＴという未開拓市場

ＬＧＢＴとは、女性同性愛者（Lesbian）、男性同性愛者（Gay）、両性愛者（Bisexual）、性同一性障害を含む性別越境者（Transgender）などの総称で、性的マイノリティやセクシュアルマイノリティと呼ばれることもあります。堀川は戸籍上は女性ですが、心も見た目も男性として生きています。以前は自衛隊にいて、その後フリーでＬＧＢＴの啓発活動をしていた時に、たまたま講演を聞きに来たのです。

講演が終わると、堀川は私のところにやって来て、「バリアを感じているのは、私たちＬＧＢＴも同じです。自分を雇ってくれれば、ＬＧＢＴ向けのユニバーサルデザイン市場を開拓できます」と熱心にプレゼンを始めました。

ＬＧＢＴの人が、男女別トイレ・温泉・プールをストレスなく利用できるようにするにはどうすればいいのか。生命保険で同性パートナーを保険金受取人にしたり、携帯電話で家族割引サービスを受けたりするにはどうすればいいのか。就職活動の際は、男女枠のどちらで受ければいいのか。マイナンバー導入で職場に性別を偽っていたことがばれてしまう時はどうすればいいのか……話を聞いてみれば、たしかに解決すべきバリアがたくさんあります。

それまでミライロはユニバーサルデザインを掲げておきながら、ＬＧＢＴについては何の知識も持ち合わせていませんでした。

それからすぐ、堀川に入社してもらうことにしました。

このように、さまざまなバリアのある人材が仲間に加わることで、ミライロの事業の幅がどんどん広がりました。まさにバリアバリューそのものです。『水滸伝』の梁山泊、あるいは『ドラクエ』や『ワンピース』のようでワクワクします。

豆乳生活から2億円

豆乳生活の一期目を乗り越え、二期目は売上を10倍に伸ばしました。とは言っても、1500万円程度です。

二期目には初めて銀行融資を受け、当時、大学4年生にして人生初の借金をしました。社員を路頭に迷わせまいと、民野と二人、奔走し続けました。

創業期を振り返ると、オフィスには寝袋が転がっていて、「ブラック企業」どころか「漆黒企業」でした（笑）。大阪から東京への移動は夜行バス、出張先の寝泊まりはネットカフェ。それでも、社員全員が共に走り続けてくれたおかげで、3期目、4期目と売上は急激に伸びていきました。1億、2億と大台を超え、会社としての基盤ができた時は、経営者としての達成感を得ました。

「環境のバリア」にはユニバーサルデザイン、「意識のバリア」にはユニバーサルマナーと、事業領域の拡張と明確化が進み、業種業態問わず多くの企業とさまざまな取り組みができるようになりました。

そして、２０１３年からは「情報のバリア」と向き合うべく、飲食店やホテルなどのバリアフリー情報を配信するアプリの開発を始めました。例えば、車いすで入店可能なお店は全体の10％以下と言われています。その10％にたどり着くための情報を集約し、発信しようという計画です。

ありがたいことに、ハンセン病に対する差別撤廃や障害者支援などに取り組む日本財団さんが、このプロジェクトに目を留めてくれました。２０１６年４月には、「Ｂｍａｐｓ（ビーマップ）」というサービス名で、日本財団さんが主体となり、本格的に事業としてスタートします。

環境のバリア、意識のバリア、情報のバリアと向き合い、日本から世界を変えていく。マンションの一室で民野と二人、豆乳で飢えをしのいだ数年前と比べると、見ている景色はずいぶん変わったように思います。

自分の足で歩きたいと願った日々、歩けなくてもできることを探した日々、そして、歩けないからできることに取り組む今日。すべてが価値ある日々だったと、私は誇らしく感じています。

コラム3　日本がもし100人の村だったら

読者の中には「ユニバーサルデザインの市場と聞いてもピンとこない」と思う方がいるかもしれません。

では、ここで「日本がもし100人の村だったら」と考えてみましょう。

男性	49人	女性	51人	LGBT	8人
高齢者	26人	子供	15人	妊婦	1人
左利き	10人	障害者	6人	外国人	1人

このように日本では多様な方々が暮らしていますが、その中で障害者は約800万人。それに加えて、ベビーカーに乗る3歳未満の子供は315万人、さらには高齢者が約3300万人います。合わせると、日本の人口の約30％を占める巨大なマーケットがそこ

にあるのです。

それだけではありません。レストランやレジャー施設を利用する際は、当人だけではなく、家族、友人、同僚らも一緒に行動します。

こんなにも多くの方々が、外出する際に不安や不自由を感じているかもしれないのです。だからこそ環境や意識を変え、できることから始めていかなければいけません。

ユニバーサルデザインとは、みんなが必要としているものであり、ビジネスにもなるのです。

第2部　バリアバリューの思考法

第4章　隠れた価値を見つける

バリアバリューとは、今まで「障害《バリア》」や「弱点」として捉えていたことも、考え方や周りの人次第で、「価値《バリュー》」や「強み」に置き換えることができるという考え方です。

しかし、まさに「言うは易し、行うは難し」。どうすればバリアをバリューに変えられるのでしょうか？

ここからは、今一度「バリアバリュー」という概念をおさらいしつつ、バリアをバリューに変える心構えを説明していきたいと思います。

バリアは「人」ではなく「環境」にある

日本人の9割が「右利き」です。それでは、「左利き」の方がどんなことに困っているのか、右利きの皆さんはご存知でしょうか。私は右利きです。知らないことがたくさんありました。

例えば、「食事の際に腕がぶつかる」とか「ハサミや定規、包丁が使いづらい」など。また、駅の改札ではＩＣカードをタッチする場所も、切符を入れる場所も右にあります。自動販売機の硬貨の投入口も右にありますし、エレベーターのボタンも右にあることが多いです。

左利きであることは、もちろん障害ではありません。ただし、大多数の右利きに合わせて作られた環境に、不便や不自由が生じ、それが一種のバリアになっています。

今では、左利き用のハサミや定規、包丁が売られ、左利き用グッズの専門店もあります。左利きであるというほんの小さな「バリア」ですら、このようにビジネスにつなげていくことができるのです。

私は右利きですが、歩けません。私にとっての不便や不自由とは、街中に段差や階段があることです。

なぜ、段差や階段があるのか。それは、社会全体で、右利きの人の方が多いように、歩ける人の方が多いからです。

私たちは、何かしらバリアを感じた時、どうしても「自分の方が環境に合わせなければいけない」と考えてしまいます。

そうではなく「自分に合った環境はないか」「環境を自分に合わせられないか」という方向からも、物事を眺めてみてはどうでしょうか。

そのような視点から見てみれば、バリアから多くの気づきや学び、チャンスを見出すことができるはずです。

バリアの正体を見極める

もっとも、何が本当のバリアなのかは、慎重に見極める必要があります。

例えば、私が街中を車いすで移動していると、「大変ですね。押しましょうか」といきなり車いすを押してくれる方がいます。お気持ちは、とてもありがたいことです。ですが、車いすだからと言って、必ずしもサポートを求めているとは限りません。

私は学生時代、車いすバスケと車いすマラソンの選手でした。バスケは競技用の車いすで容赦なくぶつかり合ったり、転倒したりすることも日常茶飯事です。マラソン用の車いすは時速30キロぐらいで走ります。ロードバイクとほぼ同じ速度を、腕の力だけで出せるのです。

あくまで、私の場合ですが、私は自分で車いすを操作した方がスピーディーに移動できます。このように、「車いす＝サポートが必要」と過剰に心配する気持ちが、かえって世の中に不要なバリアを作ってしまうこともあるのです。

また、こんな例もあります。今はバリアフリー新法という法律で、全体の客室が50室以上ある宿泊施設では、一室はバリアフリーの部屋をつくらなければいけないことになっています。そのこと自体は、障害のある人にとってはありがたい話です。

ところが、部屋に入ると「これでもか」というぐらいに金属製の手すりが部屋中に張り巡らされている。部屋もやたらと広くて落ち着きません。

おそらく、「これだけのスペースをとれば車いすでも大丈夫だろう」とざっくりと考えているのでしょう。私から見ると「ここは病室ですか?」と突っ込みたくなるような部屋ばかりです。

実際、障害者や高齢者からも、「せっかく旅行に来たのに、こんな病室みたいな部屋では気が滅入る」と不評なのです。せっかく時間とお金をかけてバリアフリー化したのに、お客さんに敬遠されてしまっては元も子もありません。

いずれの場合も、バリアの見極めを誤っているケースと言ってよいでしょう。何がバリアなのかを正しく認識できなければ、それをバリューに変化させることも難しくなります。

では、ここでちょっと視点を変えて、もう一度「病室みたいな部屋」があるホテルの例を見てみましょう。よく見れば、このホテルには「過剰なバリアフリーによる稼働率の悪化」というバリアが発生してしまっていることがわかります。

ならば、このバリアを解消することもビジネスの芽になります。たとえば、ミライロの取引先の一つ、新宿の京王プラザホテルさんには、「ユニバーサルルーム」というバリアフリーの部屋が10室設けられており、稼働率が8割以上となっています。なぜこのような高い稼働率が実現できているかと言えば、手すりやスロープといったバリアフリー設備の多くを着脱可能にし、利用者の希望に合わせてカスタマイズできるようにしているからです。また、設備をすべて取り外せばスタンダードの部屋と変わらないので、たとえ障害がない方が泊まっても、違和感なく過ごすことができます。

このように、バリアフリー設備の改善を提案するコンサルティング業務も、ミライロの事業の柱となっています。企業側の視点と、多様な顧客層の視点との間で、過不足のない着地点を見つけて提案しています。

「でも」より「だから」を見つける

バリアをバリューに変えられるかもしれない。

そのことに気づくきっかけを与えてくれたのは、中学の野球部での経験だったかもしれません。

私は中学時代、野球部に入っていました。運動部に入りたいと思い、いろいろ検討した結果、野球ならば車いすに座った状態でも、投げたり打ったりプレーができると考えたのです。

とは言え、野球部に入部しても、私は部員と一緒にランニングもできなければチーム練習にも参加できません。それでも、私はキャッチボールや打撃練習を、自分のできる範囲で続けました。

だから、私はいつもスコアラーをやっていました。

正直、スコアラーは中学生男子にとっては退屈な作業です。いい加減につけていたら、先生からは「これはお前の仕事だろ？　自分の仕事で本気にならなければ、何ができるんだ」と叱られました。

それで目が覚め、スコアに関する本を熟読し、テレビで毎晩野球中継を見ながらスコアをつける練習をしました。やがて、先生から「よくつけてあるな」とホメてもらえるようになり、何事も真剣に取り組む大切さをこの体験を通して学びました。

そんなある日、練習試合で監督が何を思ったのか「代打、垣内」と審判に告げました。私は突然のことに戸惑いつつも、何とかヒットを打ってやろうと気合を入れて打席に向かいました。実は意外に車いすだとボールの軌道が見えやすく、バッティングセンターでは打ち返すのが得意だったんです。

結果は……ストレートのフォアボール。

ストライクゾーンというのは、肘から膝までの間ですから、私の場合、極端に狭い。よほどコントロールの良いピッチャーでないと、フォアボールになってしまうのです。

それ以降、私はたびたび代打として登場することになりました。結果はいつもフォアボール。そんな私についた異名が「フォアボール製造機」です。代打出塁率10割を誇るチームの切り札となりました。

「代打、垣内」で私がバッターボックスに立つと、チームメイトは「おー、また垣内がフォアボールを取るぞ」と大喝采。中学生の頃の私は、どんな形であれ、試合に出られてチームに貢献できることを、嬉しく感じていました。

そして、今から思えばこの時の体験がバリアバリューという気づきを得た原点だったように思います。

中学の野球部の集合写真（前列右端が私）

スコアラーは「車いすでも、できること」でした。

けれども、「フォアボール製造機」と呼ばれるようになって、私は「車いすだから、できること」に出会ったのです。

もちろん「でも」も大切です。しかし、「だから」を目指すことに、バリアバリューの醍醐味があると思います。学生時代にホームページ制作の営業をしていた時も、やはり「車いすでも」ではなく「車いすだから」を活かしてナンバーワンになれたのです。

いくらバリアを克服しようとしたところで、おのずと限界があるでしょう。それよりも、何とかバリアをバリューに変える方法がないか、自らのバリアとしっかり向き合ってみることが大事なのではないかと思います。

弱点と強みをセットで考える

先ほども触れた通り、この本で言うバリアとは、いわゆる障害に限った話ではありません。

皆さんの中にも、なかなか容姿に自信が持てないとか、滑舌《かつぜつ》が悪いとか、身体的な悩みを抱えている人も多いと思います。

それだけではありません。むしろ心理的なバリアの方が、ビジネス上の障害になっていることが多いかもしれません。

人見知りで、話すのが苦手。

細かいことが気になりすぎて、仕事が遅い。

あれこれ目移りして、粘りや落ち着きに欠ける。

このようなバリアは、誰にでも一つや二つあるものでしょう。皆さんの中にも、こうした弱点を直したくて、話し方教室に通ったり、仕事術の本を読み漁ったりして、何とか自分の能力を高めようと努力している方も多いはずです。

でも、そうやって努力するだけが解決法なのでしょうか?

すべてのバリアが努力で克服できるなら良いですが、残念ながら、いくら頑張ってもどうにもならないバリアもあるでしょう。

私も、自分の足で歩くためにありとあらゆる努力をしましたが、結局、それは叶いませんでした。できないことをできるようになりたいと思い詰める切なさ、できない自分を責め続ける苦しさは、誰よりも身にしみてわかっているつもりです。

だからこそ、自分の弱点を克服することばかりに目を向けるのではなく、「その弱点に意外な強みが隠されているのではないか」と考えることが大事だと思います。そのような発想の転換をできるようになれば、きっと価値を生み出すことができるはずです。

かの「経営の神様」、松下電器の創業者である松下幸之助さんは3つの条件が成功の理由だと話していたそうです。

貧乏だったから、一生懸命働こうと思い、わずかな給料でも感謝できた。
学歴がなかったから、他人に素直に教えてもらおうと思えた。
体が弱かったから、人の能力を信じて、人に任せることができた。

まさにどれもバリアをバリューに変えた好例だと思います。どんな弱点でも、目線を変えてみれば、何かしらの価値が隠されているものです。

先ほど挙げた例でいえば、「人と話すのが苦手」という弱点の裏には、巧言令色《こうげんれいしょく》を潔《いさぎよ》しとしない誠実さがあるのではないでしょうか。個人的には、ビジネスにおいて「誠実さ」ほど大切なバリューはないと思います。

「仕事が遅い」には、「人より丁寧な仕事をしている」というバリューが隠れているかもしれません。もしそうであれば、「量より質」で成果を上げる方法を考えれば良いでしょう。

「粘りや落ち着きに欠ける」という人は、目先の仕事だけでなく、幅広い視野を持っていることの表れでしょう。その意識が向いている先を掘り下げてみれば、意外なバリューが見つかるかもしれません。

もちろん、実際にバリューを生み出すことは、それほど簡単なことではありません。
ただ、ここでは常に「弱点と強みをセットで考える」ことがバリアをバリューに変えるポイントだということを覚えておいていただければと思います。

「正しさ」を武器にしない

車いすに乗っていると、たまにレストランなどで入店を断られることがあります。店内に段差があるから、忙しくて対応できないから、店が狭いから……と、理由はさまざまです。

ガッカリすることもありますが、「入店拒否をするなんて、この店は正しくない！」などと思わないようにしています。むしろ「今度この店にバリアフリー化の提案をしようかな」と商魂たくましく考えたりもします。世の中を恨んだり、誰かを責めたりしたところで、バリアはバリューに変わりません。

もしその店にバリアフリー化の提案をするとしても、「障害者を差別することは〝不正〟

だから対応すべきだ」というような営業の仕方は絶対に避けます。

それでは「正しさ」を武器にすることになってしまいます。

実際、車いすに乗った私が「世の中の障害者を助けるために、バリアフリー化してほしい」と営業で訴えたら、相手は無下に断ることなどできないでしょう。それは道徳的に「正しい」とされていることだからです。

でも、これでは、相手に「正義」を押しつけているようなものです。

確かに、正論は強い力を持っています。しかし、あまりに威力が強いので、特にビジネスの現場では、往々にしてそれは悪い武器になってしまう危険があります。

たとえば、上司から「いくら頑張っても、結果が出ないなら意味がないんだよ」と言われたら、部下は何も言い返せないでしょう。けれども、部下は心の中で「頑張った自分も認めてほしい」と訴えているはずです。正論だからこそ、納得いかない気持ちがくすぶり続けるのです。

正しいことだけでは世の中は回っていきません。正しさを押しつけたら相手を追い詰めてしまうこともあります。

では、どうすればいいのでしょうか？

「正しさ」ではなく「メリット」を相手に提示すればいいのです。「頑張ってもなかなか結果が出ないけど、この経験はきっとあなたの財産になるよ」と相手のメリットを伝えたら、部下も納得して「契約が取れるまで粘ってみよう」となるかもしれません。

私のビジネスで言えば、「もしここをバリアフリー化すれば、今まで取り逃していた障害者や高齢者のお客様が来店できるようになります」と証拠《エビデンス》となるデータをきちんとそろえて、相手に納得していただくのが基本です。

とは言え、予算やスペース、あるいは他の様々な理由で、バリアフリー化が難しいお店もあります。そのような場合は、スタッフの方に障害者や高齢者への応対・接客の仕方をレクチャーします。実際、設備は完璧ではなくても、「車いすに乗っている顧客にも対応できます」とアピールするだけで、意外なほど多くの人に利用してもらえるようになります。

例えば人気ラーメン店の一蘭さんは、「味集中カウンター」という独自のカウンター席の店舗設計が、一つの大きな売りになっています。その一方で、障害者には、やや利用しづらい側面もありました。そうした中、一蘭さんから相談を受けていろいろ検討した結果、

「味集中カウンター」システムはそのままにして、その代わり全店舗の店長の皆さんにユニバーサルマナー検定を受講していただきました。

障害者の中には自分でカウンター席に移動することができる方もいますし、もしそれが難しい場合でも、無下に断るのではなく、店舗内の環境を適切に伝えた上で「何かお手伝いできることはありますか」と一声かけることで、かなりのサービス改善が見込めると判断したのです。

そうやって店舗や施設の条件に見合った方法を提案すれば、前向きに取り組んでもらいやすくなります。

「正しさ」はもちろん悪いことではありません。ただ、往々にして「正しさ」がマイナスになってしまうこともあるのです。

「泣き落とし」は使わない

バリアをバリューに変えようとする時に、もう一つ気をつけなければならないことがあります。

それは、「泣き落とし」は使わないということです。とくにビジネスにおいては、絶対に相手を同情させてはいけないと考えています。

これは常日頃から感じていることですが、私のような車いすに乗った人間がビジネスをしていると、どうも相手の同情心を刺激してしまうようです。

ある企業にユニバーサルデザインの共同開発を持ちかけた時に、相手の方から「これは社会貢献だから、利益を出すことに拘《こだわ》っていません」と言われたこともあります。

でも、私は「いや、利益が出なければやる意味がありません。ぜひ利益が出るような商品を作りましょう」と答えました。

私はどちらにとっても利益が出るような、WIN《ウィン》-WIN《ウィン》の関係を築きたいのです。

なぜなら、同情心はビジネスのプラスにならないからです。

もしかしたら、ごく小さな取引であれば、あるいは一度か二度であれば、「泣き落とし」が功を奏すこともあるかもしれません。でも、それが長期的に考えて、ビジネスにプラスになるかと言えばどうでしょう?

「垣内は車いすで気の毒だから」と契約を結んでもらったら、その時点で立場が対等ではなくなってしまいます。相手がビジネスとして捉えていないと、後になって「契約してあげるんだから、もうちょっと安くしてよ」と言われてしまうかもしれません。

あるいは、採算を度外視した結果、あっという間に先方の予算が底をつき、そのプロジェクトが中止に追い込まれてしまう可能性もあるでしょう。

ビジネスでも、ボランティアでも、社会的活動を続けていくには必ずお金が必要です。どんなに有意義な活動でも、どんなに多くの同情を集めることができても、お金がなくなれば、そこで終わってしまいます。

だから、私はビジネスパートナーとは対等に「儲け話」をできるのがベストだと考えています。

ビジネスにおいては、相手に「同情」を期待してもいけないし、させてもいけない。いかに相手に「信頼」してもらい、「納得」してもらい、「共感」してもらうかが大事なのです。

情けは人の為ならず

今「正しさ」や「同情」をビジネスに持ち込むべきではないと述べましたが、それはあくまで「相手に対してそれを求めてはいけない」という意味です。

自分自身が「他人を思いやれる人間になる」「正しい行動をとれる人間になる」ことは、とても大事なことです。

昔から「情けは人の為ならず」と言いますが、これは真実だと思います。

私自身、「世のため人のため」を考えて行動することが、回り回って自らのバリューにつながるという体験をしたことがあります。

2011年3月11日、午後2時46分。私は大阪の事務所にいました。

床が大きく揺れているのを感じた時、最初は「めまいで揺れているのかな」と、感じました。

テレビをつけると、東北では、大阪とは比較にならないほど巨大な地震が発生したことがわかりました。

「どれぐらい大きな地震なんだろう」と思いながら見ていると、津波の映像が映りました。その時の衝撃は言葉にできません。スタッフと一緒に、呆然と画面を見つめていました。しばらくして我に返り、「こうしてはいられない。今、自分にできることは何だろう」と考えました。

当然、被災された方の中には障害者や高齢者も大勢いるはずです。「車いすに乗っている方は高台に避難できなくて、困っているんじゃないか」「視覚障害のある方はどこに逃げればいいのかわからないかもしれない」「聴覚障害のある方は津波警報が聞こえなくて、危険を察知できなかったかもしれない」と思い至りました。

まずは情報を集めようとツイッターを見ると、障害のある方々が避難所での生活に困っていることがわかりました。そこで震災翌日から、障害者や高齢者の避難方法や避難所で困っている際のサポート方法を、イラストと文章でわかりやすくまとめ、発信することにしました。

広報の岸田に記事を作ってもらい、同日夕方にブログやツイッターで発信したところ、あの『スラムダンク』の漫画家・井上雄彦《たけひこ》さんが記事を拡散してくれ、一気に情報が広まりました。数日後には、避難所からサポート方法を印刷したものを送ってほしいという要望も来るようになりました。

それだけでは、まだまだ足りない。自分たちにできることがまだあるのではないか――そう思って、次は車いすを寄贈しようと考えました。

なぜかと言うと、津波で車いすを流されてしまった方も多く、そうした方々は避難所内を自由に移動できずにいたからです。しかも普通の車いすでは、瓦礫の上を走るとパンクしてしまいます。

そこで翌朝には国内の車いすメーカーに片っ端から電話をかけて、「被災地にノーパンクタイヤの車いすを送りたいので、ご協力いただけませんか」とお願いしました。すると神戸にあるカワムラサイクルさんが「いいですよ」と二つ返事で応じてくださったのです。

供給先が見つかったら、次は資金です。当時はまだミライロを立ち上げたばかりで、とても自分たちで資金を捻出することはできませんでした。

そこで、ツイッターなどで支援を呼びかけ、さらに街頭でスタッフと一緒に募金を集めました。その様子はテレビでも取り上げられ、SNS（ソーシャル・ネットワーキング・サービス）で世界中に拡散されました。すると海外でも被災地に車いすを送ろうというムーブメントが起きたのです。

この活動は「ハートチェアプロジェクト」と名付けて5カ月くらい続けたのですが、最終的に募金は約700万円も集まり、自走式車いす259台を寄贈することができました。

5月に、スタッフと一緒にワンボックスカーを借りて被災地をあちこち回りました。街にはがれきの山が築かれ、道路も分断されている場所が多々ありました。「逃げきれなかった障害者や高齢者も大勢いたのだろうな」と考えると胸が締め付けられる思いでした。

陸前高田市では、避難する時にケガ人を運ぶ道具がないということで、自衛隊の方に車いすを使っていただくことになりました。赤十字の病院ではベッドもイスも何もかもが足りないという状況だったので、車いすはかなり重宝されました。

この時は完全にボランティアとして活動していたので、利益を出すどころか大幅な持ち出しとなりました。しかし、この時、災害時に障害者や高齢者をどうサポートすればいいのかを学べたことは、ミライロに大きなバリューをもたらしました。

たとえば、障害者や高齢者の避難方法などをまとめたマニュアルは、さらに内容をブラッシュアップして、いくつかの自治体で配布することになりました。また、被災した方々から伺った情報を活かして、障害者や高齢者をサポートするための避難訓練をプロデュースできるようになりました。

また、あくまでこれは結果論ですが、「ハートチェアプロジェクト」が大きな話題を呼んだことによって、ミライロの知名度と信用が一気に高まりました。当時のミライロにはお金の余裕はまったくありませんでしたが、お金がないというバリアのおかげで、得がたいバリューを手にできたのです。

目先の利益を出すことだけが、バリューではありません。自らが人や社会に貢献することで、そこに価値が生まれ、それが結果的にビジネスにつながることもあります。

「情けは人の為ならず」は、バリアをバリューに変えるための大前提です。

第5章　価値を育てる7つの習慣

この章では、かのスティーブン・R・コヴィー氏の『7つの習慣』にあやかって、価値を育てる7つの習慣をご紹介したいと思います。

いずれの習慣も、私にバリアがあったおかげで自然に身についたシンプルなものばかりです。バリアの有無にかかわらず、誰でも簡単にできることですが、習慣化するまでにはそれなりの努力も必要ですし、実は私自身もまだまだ及ばない点が多々あります。

それでも、これらの習慣のおかげで、人生がかなりポジティブなものに変わったことは間違いありません。ぜひ皆さんにも試してみていただければと思います。

第1の習慣　小心者だから最高の準備をする

人前でうまく話すには

私は年に120回ぐらいユニバーサルデザインやユニバーサルマナーについての講演をしています。

おかげさまで講演の依頼を多くいただくようになり、200〜300人もの聴衆を前に二時間ぐらいの講演を行う機会が増えてきました。また、はじめに書いたように、日本武道館のステージで8000人を相手にプレゼンテーションをしたこともあります。最近は海外からの引き合いも多く、その場合は拙いながらも英語でスピーチを行います。

よく講演の後で、「どうすれば、大勢の人を前に緊張することなく、二時間もスラスラと話せるようになるんですか?」と訊かれることがあります。第三者からすると、私は大舞台でもまったく動じない、肝が据わった人間に見えるようです。

とんでもありません。

私はとても小心者です。学生時代に出場した「プレゼン龍」の時も、極度の緊張のあまり呂律《ろれつ》が回らなくなったり、噛んでしまったように、かなりのあがり症でもあります。

以前、大きな講演会が続いた時には精神的に参ってしまって、恥ずかしい話ですが、龍谷大学の村井先生に「もう、人の前で話すのがつらいです」と泣きながら相談したことさえありました。

一方で、あがり症にもかかわらず、講演会などで、それほど大きな失敗をしたことがないのも、また事実です（もちろん小さな失敗は多々あります）。

なぜか。それは私は小心者であるがゆえに、毎回毎回、事前の準備を怠らないように心がけてきたからです。それも、ただの準備ではなく、「最高の準備」です。

たとえば、日本武道館でのプレゼンの時は、持ち時間は8分でしたが、その8分のために二カ月ぐらい練習をしました。原稿を一言一句覚えただけではなく、「このタイミングで右に動いて、一瞬間を置いた後に左に行って、最後は真ん中に戻ってくる」という動きもつけ、さらには視線を向ける位置まで計算して、数えきれないほど練習をしました。

そこまでしたからこそ、言葉に詰まったり噛んだりすることなく、限られた時間の中で自分の想いを届けることができたのです。

トラブルを未然に防ぐ

事前にしっかり準備をするという習慣は、私が車いすに乗っていたからこそ身についたものです。

私は小学生の頃から、「もし外出先でトラブルが起きたらどうしよう」「みんなに迷惑をかけることになったら嫌だな」と、いつも心配する習慣がありました。

たとえば、遠足の前の晩。

普通は「明日は動物園だ!」「お弁当、何だろう?」と、ワクワクしながら眠りにつくものでしょう。興奮して眠れなかった人もいるかもしれません。

でも、私が眠れなかったのは別の理由です。

「階段があったらどうしよう」「通路は車いすでも通れるだろうか」などなど、動物園のことよりも、移動手段のことで頭がいっぱいでした。

同じ眠れぬ夜でも、私は不安や心配事のほうが大きくて、とても遠足を楽しみにするという心境にはなれなかったのです。

だから、私は頭の中で「もし通路が狭かった場合」「もしバリアフリーのトイレがなかった場合」と、もしもの事態を想定して、どうすればいいのかを必死で考えていました。「みんなに迷惑をかけないように、車いすで移動できるルートを探しておこう」「ココとココのタイミングで、たとえトイレに行きたくなくても、必ず行っておこう」などと、子供なりに対策を考えて、行動するようにしていたのです。

そのように常に不安や心配事を抱えていたからこそ、私は人よりも入念に事前の準備をする習慣がついたのだと思います。

なぜ遅刻をしないのか

今でも、人と会う約束がある時には、移動経路を入念に調べます。

普通の人なら、ネットの乗換案内などを見て、10分前くらいに着くように出かけていけば十分かもしれません。

けれども、車いすに乗っている場合、そういうわけにはいきません。

今ではエレベーターが設置されている駅がほとんどですが、時には階段昇降機という装置を駅員さんに出してもらわないといけない駅もあります。地上に出るエレベーターが目的地に近い出口とも限りません。

そこでモタモタしていたら、約束の時間に遅れることもあり得ます。だから、ネットで駅構内と周辺の地図を事前に確認しておき、なおかつ何かトラブルが起きても間に合うような時間を設定して、家を出るようにしています。

そうやって、あらゆることを予測して、目的を達成するためにはどうしたらよいのかを逆算する日々を送ってきたのです。

私と同じく足が不自由な経営者の方と、移動の準備の話をしたことがあります。

その方は、「僕たちは、人一倍ビビリなのかもしれない。でも、いつでも予測に予測を重ねて万全の準備をしてきたからこそ、今日まで着実に経営者として歩んでこられたのではないか」と、おっしゃっていました。

車いすで歩んで来たことが、経営者としてプラスになっていたことに気づき、とても誇らしく感じたのを覚えています。

「型」を学べば「芸」になる

失敗したらどうしようと、いつも心配している。ちょっとしたことでクヨクヨ悩んでしまう。人の顔色ばかり窺っている。

そんな小心者のタイプは、世の中ではとかくマイナスイメージにとられがちです。

たしかに、いつでも堂々としていて、リスクにも果敢に飛び込み、即断即決できる……そんな肝が据わっている人に憧れる気持ちは私もあります。

でも、私は小心者であることこそ成功するための条件だと思っています。心配性すぎるくらいのほうが、物事をうまく運べるのではないでしょうか。

「世の中の失敗のほとんどは、準備不足が原因で起きる」と、私は考えています。

たとえば、「プレゼン龍」の時にしどろもどろになってしまったのも、今思えば準備不足が原因でした。もちろん自分では相当準備をしたつもりでしたが、今の私の基準に照らしてみれば、まだまだ準備が甘かったと思います。

プレゼンテーションが苦手で失敗ばかりという人も、あがり症が原因なのではなく、準備不足だと考えた方がいいと思います。あがり症というバリアは治したくてもそう簡単には治せませんが、「準備をしっかりする」ならば、誰でもやろうと思えばできることではないでしょうか。

私は一時間半の講演であれば、一時間半分の原稿を作成します。そして、繰り返し繰り返し読みながら覚えます。

それだけではありません。「5分間でここまで話す」ということも計算しています。そうやって話を細かいブロックに区切ると、内容も覚えやすくなりますし、とっさにアレンジもできます。万が一、講演会で何かトラブルが起きて話す時間が10分短くなったとしても、「あの部分とこの部分を削ろう」とパッと対応できるわけです。

落語家の方は、一つの話を何百回、何千回と繰り返して練習するといいます。「型」を完全にマスターしているからこそ、いざ高座に上がると、その日の天気やお客さんの反応などを柔軟に取り入れながら、自分の「芸」として披露できるのでしょう。

もちろん、私の講演はまだまだその域には達していません。でも、ある講演会の時、「自分の中で『型』がある程度できてきたのかもしれない」と思ったことがあります。

その日の講演の前、私は「何となく今日は体調がおかしいな」と感じていました。本当はその時点で、万全の体調管理ができておらず講師として失格なのですが、それでも講演に支障があるほどではないと判断し、私はいつも通り話し始めました。

ところが、話をしているうちに、どんどん体調がおかしくなって来ました。「マズイな」と思いながらも、途中でやめるわけにもいきません。そのうちに頭が真っ白になって、完全に記憶が飛んでしまいました。どうやって講演を終えて控室に戻ったかも覚えていません。意識が落ち着いた後、スタッフに「ごめん。やってしまった……」と頭を下げると、スタッフはキョトンとして「えっ、いつも通り普通に最後まで話していましたよ」と言いました。

自分でも驚きました。何百回と講演の機会を頂いたおかげで、自分の言葉が着実に、自分の血肉となっていることを実感しました。

第2の習慣　苦しい時こそ楽観的に考える

シャクルトンの楽観

あとで詳しく触れますが、私は2013年4月に5分間ほど心肺停止に陥ったことがあります。奇跡的に一命はとりとめたものの、その後の経過も決して順調とはいえず、3カ月も入院生活を送る羽目になりました。

まだミライロも起業3年目のヨチヨチ歩きの頃です。自分の生命と会社の危機に、私の心は焦りと不安で埋め尽くされました。

そんな時、私を救ってくれたのが、「楽観という真の勇気を持つ」というアーネスト・シャクルトン（1874‐1922）の言葉でした。

シャクルトンはイギリスの探検家で、新聞で募った仲間27人とエンデュアランス号という船で南極大陸横断の探検に出ます。南極大陸といえば、今も昔も世界でもっとも過酷な場所。南極大陸にたどり着く前に、氷塊に阻まれてエンデュアランス号は漂流、そして全壊してしまいます。

何の通信手段もなく、充分な装備や食糧もない中、シャクルトン隊の生存は限りなく絶望的な状況でした。

ところが、シャクルトンたちは氷上でアザラシなどを狩りながら飢えをしのぎ、小さなボートで近くの無人島へ渡り、さらにそこから人の住む島までボートで脱出するという厳しい漂流生活を送ります。

その間1年8カ月。凍えるような海に隊員が落ちたり、ボートが荒波に襲われたり、体調不良の船員が続出したり、シャクルトン隊は何度も全滅の危険にさらされます。しかし、結局、誰一人欠けることなく全員生還を果たしたのです。

当時、成功を収めた探検のほとんどは、隊員の犠牲を伴うものだったといいます。シャクルトンも、途中で残された船員たちも、どれだけ生き抜こうという意志が強かったのだろう、と感嘆しました。

さて、シャクルトン隊は、過酷で絶望的な環境におかれていたにもかかわらず、内輪もめや混乱が起きることもなく、常に笑顔が絶えなかったといいます。

なぜ、そんなことが可能だったのでしょうか。

それはリーダーのシャクルトンが、常に楽観的な姿勢でいたからです。

どんなことが起こっても、シャクルトンは決して絶望したり焦ったりせず、つねに冷静に的確な指示を出しました。船が座礁しても、「事前に想定していたこと」と落ち着いていたそうです。

小さなボートで何日もかけて荒海を渡っている時も、絶えず冗談を言い合い、仲間がちょっと失敗をした時は笑い転げたといいます。死と背中合わせの状況の中でも、笑う余裕を持ち続けていたのです。

後日、シャクルトンは漂流時のことを振り返り、隊員の気持ちが乱れ、混乱しそうになった時でも、「なんとかなる」と楽観視していたのがよかったと話していたそうです。

たしかに、船が壊れた時点で、シャクルトンが「もうダメだ、故郷には戻れない」と絶望してしまっていたら、おそらく誰一人として生還できなかったでしょう。

どうすれば楽観視できるのか

さて、なぜシャクルトンは、絶望的な状況にあっても、楽観視できたのでしょうか？

私が出した答えは、「シャクルトンはやれるだけの努力をしていたから」です。

シャクルトンの本を読んでいて気づいたのは、彼らは何か行動を起こす時、何日もかけて入念に準備をしている、ということです。

もちろん、ろくな材料も工具もない状況なので、いくら準備したと言っても、たかが知れています。あんな小さなボートで南極の荒海に乗り出すなんて、無謀とすら思えます。しかし、それでも置かれた状況下で最善の準備をし、考えられる限りの対策を練っていたのは確かです。

シャクルトンを見ていると、人間やれるだけのことをやったら、あとは「なんとかなるだろう」と楽観視できるものなんだな、と思います。

さきほど「小心者だから最高の準備をする」と述べましたが、この話はその続きで「最高の準備をすると、楽観的になれる」ということです。

「小心→最高の準備→楽観視」というサイクルを完成できれば、それこそバリアバリューと言えるでしょう。

もっとも、「最高の準備」と言ったところで、時間は有限ですし、できることは限られています。それにいくら「もう完璧、これ以上やれることはない」と思って臨んだところで、ふたを開けてみたら、とんだ想定外ということは充分に起こりうると思います。

だからこそ、普段から常に「やれるだけのことをやる」という習慣を身につけておくことが大切だと思います。それが習慣として血肉化されていれば、たとえどんな想定外の事態が発生し、八方塞がりの状況に追い込まれても、人は冷静かつ楽観的に対応できるのではないでしょうか。

第3の習慣　「なぜ」「どうして」を3回くり返す

コンサルティングの領域をどんどん広げていくにつれ、私の「高さ106センチの目線」を活かすだけでは、充分に対応できない問題が増えて来ました。

当たり前のことですが、世の中でバリアを感じながら生活している人は車いすに乗っている人だけではありません。杖や歩行器を使っている高齢者、ベビーカーを押している夫婦、身体・精神・知的障害者……さまざまな方たちの問題を解決していかなくてはなりません。車いすに乗っている人であっても、感じているバリアは人それぞれです。必ずしも私と同じ目線というわけではありません。

質の高いコンサルティングをするためには、前にも指摘した通り、問題がどこにあるのか、何が本当のバリアになっているかを正しく見極めなくてはなりません。

物事の表面だけを見て判断すると、思わぬ失敗をしてしまうことがあります。

一見、結論がわかりきったように思えることでも、私は最低3回は「なぜ」「どうして」をくり返すようにしています。

こんなことがありました。

あるテーマパークで、車いすに乗っているお客様から「多目的トイレの場所が遠すぎて、間に合わなかった」というクレームが入りました。そのお客様がかなり怒っていらしたこともあり、テーマパークの担当者とともに私がクレーム対応を請け負うことになりました。

もっとも、話自体はさほど複雑なものではありません。その方の言葉を額面通りに受け止めれば、「多目的トイレの場所が遠すぎて、間に合わなかった」というのだから、多目的トイレの場所を入り口近くに移すなどの解決策を考えるしかないでしょう。

私も最初はそう思ったのですが、念のため、「なぜ、この方はこんなに怒っているのだろう」と、考えてみました。

「粗相をして恥ずかしい思いをしたから」というのはわかりやすい答えです。しかし、人の気持ちはそれほど単純ではありません。この方が怒っているのは、本当にそれだけの理由なのでしょうか。

言葉の裏側に潜んでいる答えを見つけるのが、コンサルタントの役目です。「なぜ」「どうして」と詳しく話を伺う内に、この方が何人ものスタッフに多目的トイレの場所を尋ねたのに、普通のトイレに案内されたり、スタッフが多目的トイレの場所を知らずに答えられなかったことが判明しました。

これではお客様が怒るのも無理はありません。私は急遽《きゅうきょ》、テーマパークのスタッフを相手に、ユニバーサルマナーの研修会を開くことを提案しました。

もしここでお客様の表面的な言葉だけを受け止め、「多目的トイレを入り口近くに移す」

という間違った解決策をクライアントに提案してしまったら、コンサルタントとして失格でしょう。せっかく何百万円ものコストをかけて移設しても、また同じことがくり返されてしまいます。

バリアと正しく向き合うには、物事の表面だけではなく、その背後にまで視線を向ける必要があります。常日頃から「なぜ」「どうして」と何度も問い直す習慣を身につけておくことが大切でしょう。

第4の習慣　イラッときたら日記をつける

私は16歳の頃から数年間、基本的に毎日必ず、日記をつけていました。

大学に進学してからも、最初の一カ月ぐらいは続けていたのですが、忙しくなるにつれて日記を書く日が飛び飛びになり、今では何かあった日にだけパソコンで打ち込むぐらいになっています。

私は、感情が高ぶった日には日記を書くという習慣があります。

つまり、大学生になるまでは、毎日が情緒不安定だったということでしょう。当時の日記を読み返すと、激しい言葉が並んでいます。

私にとって日記とは、腹が立つことや悔しいことがあった時に、周囲には直接ぶつけられない怒りや悲しみを吐露する場所でした。

それは単にストレス発散になるだけではありません。

怒りを文章で綴《つづ》っていくことは、「なぜ自分はこんなに怒っているのか」ということを冷静に分析していく作業でもあります。そして、気持ちを整理し、解決に向けた方策を考えることにもつながります。

つまり、日記をつけることは、心の中に生じた負のエネルギー（バリア）を正のエネルギー（バリュー）に転換することなのです。

たとえば、大学入学当初、バスで乗車拒否にあった日も、私は日記をつけています。

その日、乗ろうとしたバスはノンステップのタイプだったので、スロープさえ出してもらえれば問題なく乗り降りできるはずでした。ところが運転手さんは「バス停のつくりが車いすに対応していない」「降りる時に危険があるから」などと理由をつけて、私を乗せないで走り去ってしまったのです。

ショックと悔しさのあまり私は涙が止まりませんでした。たまたま一部始終を見ていたタクシーの運転手さんが家まで送って下さったのですが、私は怒りが収まらず、大学の先生に電話して愚痴をこぼしました。

その日の日記には次のように書いてあります。

「涙が出た。自分の弱さを知った。車いすが理由で差別されたような気がした。でも、運転手は会社のルールを守ったにすぎないのかもしれない。誰かに聞いてほしくて、なんとかしたくて、先生に電話した。誰かに守ってほしいだけだ。このことは自分の力で解決しよう。いつか社会を変えていかなければいけない」

私なりに、怒りのエネルギーを、何とかバリューに転換しようとしていることが読み取れます。

怒りは早いうちに摘み取ることが大切です。放っておくと、怒りがどんどん大きくなってしまうこともあります。

日記をつけても、すぐに負のエネルギーをプラスに転換できるとは限りませんが、いつかバリューにつながるように思います。

第5の習慣　「昨日の自分」と比べてみる

昨日の自分より、ちょっとだけでも今日の自分を進歩させよう――それも私が大切にしている習慣です。

これは裏を返せば「人と比べない」ということです。

日本でも「隣の芝生は青く見える」と言いますが、これはもともと英語のことわざを和訳したものです。つまり、日本人だけでなく、英語圏の人たちも、そしておそらく古今東西あらゆる国の人たちも、人と自分を比べては、気に病んだり落ち込んだりして来たのでしょう。

私も物心ついた時から、普通に歩いたり走ったりしている友だちと比べては、「なぜ自分だけ歩けないのか」「なぜ自分だけ車いすなのか」と落ち込んで来ました。これは際限のない悩みです。

ただ、よく考えてみれば、車いすに乗っている人は他にも大勢いるし、誰もが何かしらのバリアと向き合っているものでしょう。人は皆違って、皆弱いという前提を置くならば、人と比べて悩み苦しむのは、「なぜ自分は人間なのか？」と考えるようなもので、意味がありません。

そう気づいてからは「人と比べても仕方がない。昨日の自分と比べよう」と自分に言い聞かせるようになりました。未だに人と比べてしまうことが皆無とは言えませんが、それでも「昨日の自分と比べる」という考え方は、私を一歩ずつ、前へ前へと導いてくれます。

第6の習慣　少しだけ背伸びをする

起業した頃は、まだ大学生だったので、幼く見られないように気を遣っていました。仕事をする時はもちろん、大学に行く時でさえスーツを着用するようになりました。

車いすにしても、多少値が張っても、見栄えやデザインに関しては妥協しないようにしています。

車いすは元々、私にとって「恥ずかしい」ものでしたが、一つの出来事をきっかけにそれは変わりました。

高校時代に車いすを新調した時です。付き合っていた彼女が、それを見て「わー、超カッコいい！」と言いました。車いすを恥ずかしいものではなく、「カッコいい」と思ってくれる人がいることを知り、とても嬉しかったのを覚えています。

よく「人を外見で判断してはいけない」と言いますが、実際にはそれだけ多くの人が「人を外見で判断している」ということでしょう。以前、『人は見た目が9割』というミリオンセラーがありましたが、まったくその通りだと思います。

外見が大事なのは、なにも人だけの話ではありません。ビジネスにおいても同様です。例えば、ユニバーサルデザインが社会に浸透してこなかった理由は、デザイン性の問題だと考えています。

ユニバーサルデザインを謳った施設や製品は、使い勝手ばかりが優先されて、カッコよさが疎《おろそ》かになりがちです。

スティーブ・ジョブズが世に送り出したiPhoneが、ライバル製品を圧倒したのも、カッコよさを追求したからでしょう。

「正しさ」や「優しさ」、「使いやすさ」だけでなく、「カッコよさ」を追求する。それは、人や企業、社会全体の心を動かし、共感を生むための鍵になります。

そして、その周囲に生まれた共感は、自身の本当の強みに気づくきっかけを与えてくれます。少しだけ着飾ること、少しだけ背伸びをすることは、自分の本当の価値を見つめることにつながるのです。

第7の習慣 「運・縁・勘」を大切にする

谷井社長とのご縁

人は誰と出会うかによって、人生を大きく左右されます。

私がここまで来られたのも、多くの恩人たちとの出会いがあったからです。

ここでは、そのうちの一人、IT企業「シナジーマーケティング株式会社」の社長、谷井等《ひとし》さんとの出会いについて話したいと思います。

谷井さんとの出会いは、まさに運命的なものでした。ミライロという会社が軌道に乗り始めたのも、谷井さんとのご縁があったからだと思っています。

それは私が送った一通のメールから始まりました。

ミライロを立ち上げた後、私はＣＲＭ（Customer Relationship Management）という顧客管理ツールの導入を検討していました。いくつもの会社に資料請求する中で、シナジーマーケティング社に試用の申し込みをしたのです。

申し込みと言っても、ウェブサイト上のフォームに必要事項を記入して送っただけです。何か特別なことをしたわけではありません。上場もしていた大企業ですから、そのような申し込みは毎日山ほど届いていたはずです。

私はカスタマーサービスから後日連絡が来るもの、と思っていました。ところが、なんとその日のうちに社長の谷井さんから直々にメールが届いたのです。

そのメールには、「申し込みの状況を確認している時、御社の名前を見てなんとなく興味を惹かれて、ネットで検索させていただきました。ホームページを拝見し、私の中で尋常ならない熱い気持ちがこみ上げてきました。失礼かと思いましたが、ご連絡したいという気持ちを止めることができず、メールをさせていただきました。一度お会いさせていただけないでしょうか」と書かれていたのです。

私は信じられない思いで、何度も何度もそのメールを読み返しました。まさか、上場企業の社長が、ミライロのような小さな会社に関心を示して下さるとは思ってもみなかったのです。

実はその時、私は入院中でした。しかし、すぐに返信してお会いする候補日を挙げさせていただきました。たとえ退院が間に合わなくても、無理やり外出許可を取って会いに行くつもりでした。せっかくいただいたご縁を、絶対に無駄にしたくないと思ったのです。

さらに私は、自分のこれまでの半生をワード文書でまとめ始めました。お会いするといっても、それほど長い時間をいただけるはずもありません。限られた時間の中で、私のこと、そしてミライロのことを知ってもらうために思いついた方法でした。

すると今度は、民野が「これはまたとない機会だから、谷井社長だけでなく、谷井社長の周りの経営者の方々にも読んでもらえるようにしたい」と言い出しました。そこで考え付いたのが「回覧板」です。私の〝自伝〟に回覧用のマスを入れて、次から次へと回覧してもらうようお願いしたのです。

我ながら図々しいにも程があると思いますが、谷井さんは快く引き受けてくれました。谷井さんから次々と他の経営者の方に回覧板が回っていきました。その結果、多くの方とご縁をいただくことができたのです。

運・縁・勘

あらためて振り返ってみても、私は運がよかったと思います。

谷井さんは、膨大な申し込みの中からミライロという社名にたまたま目を止めてホームページを開いてくださった。それは運でしょう。

ただ、どんなに運がよくても、それを活かせないと意味がありません。

まず、ミライロでは自社のホームページにとても力を入れていました。今でもいつ誰に見られても良いように、ホームページを常に最新の情報に更新しています。書きっぱなしにせず、どうすればより伝わりやすくなるかを考えて、随時、修正を加えています。

そして、谷井さんから連絡をいただいた時、その縁を逃さないよう、私は迅速に対応して、簡単な自伝まで書きました。民野は民野で、いち早く「またとない機会」と勘を働かせて、次なる可能性に結びつけました。

人生は運と縁と勘が大切だと、私は思っています。

そして、運と縁と勘は持って生まれたものではなく、自分で引き寄せるものではないかと考えています。もちろん、運・縁・勘は目に見えるものではないですし、個人の努力で何とかなるものではないかもしれません。

しかし、たとえば、高名な化学者のルイ・パスツール（1822－1895）は「偶然は準備のない者に微笑まない」という名言を残しています。

夢や目標に向かって、常に最高の準備をし続けている人だけが、偶然に巡ってくる運や縁、そして勘を確実に活かせるのだと思います。

たとえ、はっきりと目に見えなくても、いや、逆に目に見えないものだからこそ、常日頃から五感を研ぎすませて、運・縁・勘の3つを意識する習慣を身につけておくことが大切だと私は考えています。

第6章　価値を磨くコミュニケーション

人をホメるのは難しい

この章ではバリューを生むコミュニケーションの取り方について考えてみましょう。

最近は、とにかく「ホメる」ことの重要性が強調されていますが、ホメるという行為は「両刃《もろは》の剣」でもあります。いい加減なホメ方をすると、かえって相手を傷つけてしまうことさえあります。

人をホメるのは簡単ですが、人をうまくホメること、そして、それによってその人が持っているバリューを引き出すことは、そう簡単ではありません。

どういうことでしょうか。

実は、私は子供の頃から、人一倍ホメられて生きてきました。おそらく、この本を読んでいる皆さんの誰よりも、私はホメられて生きてきたと思います。

なぜなら、私は何もしていなくても、ホメられるからです。

今でも吉野家で牛丼を一人で食べているだけで、隣のおじさんに「偉いな、兄ちゃん！」と肩をバシバシ叩かれたりすることがあります。

何でホメられるのかさっぱりわかりませんが、とりあえずにこやかに「ありがとうございます！」と答えておきます。

小学校を卒業した時も、新聞に「難病児が小学校卒業」と写真入りの記事が載りました。「自分が載ってる！」という嬉しさもありましたが、やっぱり「みんな卒業したのに、なんで自分だけ？」という違和感が強かったことを覚えています。

このように、私は何かにつけて「偉い、偉い」とホメられてきたのですが、いくらホメられても、私は「自分が車いすだから、そう見えるだけだろう」と、冷めた気持ちでいました。

そして、「ああ、〝車いす〟だけではなく、もっと自分自身をちゃんと見て欲しいなぁ」

と、少し寂しく思っていました。

私からすれば、自分なりにいろいろ頑張っていることがたくさんありました。ところが、その前段階、私が普通にやっていることばかりが評価されて、肝心の「本当に頑張っていること」にはなかなか気づいてもらえない、そんな気がしていたのです。

「感動ポルノ」に感動

「せっかく人にホメられているのだから、それはそれで有り難く受け取っていればいいのでは」と思った方もいるかもしれません。

おっしゃる通りです。

実際、私もできる限りそうするようにしています。

ただ、このようなモヤモヤを感じているのは、私だけというわけではないようです。

先日、世界的人気のプレゼンテーション・カンファレンス「ＴＥＤ」のネット動画で、ステラ・ヤングさんという女性のスピーチを視聴する機会がありました。

ステラさんはオーストラリア出身のコメディアン兼ジャーナリストで、私と同じ骨形成不全症で車いす生活を送っていました。

この時のプレゼンのタイトルは、「私は皆さんの感動の対象ではありません、どうぞよろしく」。何とも挑戦的です。

ステラさんが15歳になった時、地元のコミュニティのメンバーから、ステラさんを地域の達成賞にノミネートしたいと言われたそうです。その時、ステラさんのご両親は、「大変ありがたい話だけれども、彼女は何も『達成』していない」と断ったそうです。

ステラさんも、私と同じように、「何もしていない」のに賞賛の対象になったのです。

彼女は高校で臨時教師もしていたのですが、ある日授業中に生徒から「先生、いつになったら講演を始めるんですか?」と聞かれました。

何の講演かと尋ねると、「何か、感動するようなスピーチですよ。車いすの人が学校に来たら、普通は人を感動させるような話をするものでしょう?」と言われたそうです。

彼女はコメディアンということもあり、明るくユーモアを交えながらこういったエピソードを語り、会場の笑いを誘っていました。

障害のある子供たちがスポーツにチャレンジしている写真の横に、「言い訳は通用しない」「諦める前にやってみろ！」というキャッチコピーが載っている企業広告を、ステラさんは「感動ポルノ」と呼んでいました。健常者を感動させたり勇気づけたりするために、障害者を「道具」にしていると、彼女は主張していたのです。

そして、彼女は「私たちの身体と病名よりも、私たちの生きる社会のほうがより強く障害になっている」「障害が例外ではなく、ふつうのこととして扱われる世界で生きていきたい」と、プレゼンを結びました。

まさに私が今日まで感じて来たことと同じだと、とても共感しました。

人を観察すること

もちろん、ステラさんの意見に対して、色々な見方があるでしょう。

民野は「人が頑張っている姿を見て感動するのは、人としての素直な感情ではないか」と言っていました。実際、ステラさん自身も他の障害者の姿を見て感動することはあるとスピーチの中で語っていました。

この「感動ポルノ」問題はなかなか奥深いテーマですが、ここではこれ以上深入りするのはやめましょう。

「ホメる」に話を戻します。

今見たように、せっかくホメたのに、必ずしも十分なバリューを引き出すことに繋がらないこともあります。では、より大きなバリューを生み出すように上手にホメるには、どうすればいいのでしょうか?

私の答えは、「人をよく観察する」ことです。

ホメるのがうまい人というのは、結局は、相手のことをよく見ている人、ということだと思います。

たとえば、女性に「きれいですね」と言っても、さほど大きなバリューは生まれません。むしろ、「あれっ、髪切った?」「今日の服、素敵だね」などと言った方が、喜んでもらえる確率が高いでしょう。

相手が何を考え、どんな努力をしているかをよく観察した上で、それを的確に評価することが、大きなバリューを引き出す秘訣なのです。

たとえば私の講演を聞きに来た方が、「講演お上手ですね」とホメてくれることがあります。もちろん、聴講者に満足していただくことを目標にしているので、とても嬉しいお言葉です。

一方で、スタッフから「この前の講演よりも、今日は声のトーンとスピードが良かったですね」などと言ってもらえると、それはそれで嬉しく感じます。

スタッフのために講演しているわけではないのに、なぜ嬉しいのでしょうか。

それはスタッフが過去の未熟な私を知っていて、その上で今の成長した私を見て、具体的にホメてくれたからです。

つまり、人はただホメられるよりも、自分の努力や成長を認めてもらえる方が嬉しく感じるということだと思います。

「ホメる」は、人が成長するための糧となります。

「前よりもこの部分がすごく良くなっているよ。よく頑張っているね」などと、具体的にどんな行動が良かったのかを伝えると、より大きなバリューを引き出すことができるでしょう。

そのためには、何よりもまず「人をよく観察する」ことが大切です。

本音を察知できるか

「人をよく見る」というのは、意外に難しいものです。

私自身、どこまでスタッフやお客様のことをしっかり見られているかはわかりません。でも、普通の人よりはよく見ている方ではないかと思います。

それもやはり、私に車いすというバリアがあったおかげです。

私は小学生の頃から、周囲の友人たちをじっくり観察する習慣がありました。そうやって一人一人の様子を見て、「今日は誰に車いすを運んでもらおうかな?」などと考えていたのです。

特に高校に進学してからは、新しいクラスメイトたちに嫌な顔をされないように、朝から下校の時間までじっと観察していました。

「今日あいつは部活で疲れてるな」とか「あいつは機嫌悪そうだなあ」とか、「あいつは機嫌よさそうだから、頼みやすそうだな」とか、一人一人の表情をチェックしていたわけです。

もちろん、したくてしていたことではありません。でも、そうしているうちに、すっかり私は周囲の人々を観察する習慣が身につきました。

そして、人よりは多少、相手が何を考えているのか、どんな気持ちでいるのか、察する能力が高くなったように思います。それが今、こうして経営者となった際にとても役に立っています。

もっとも、いくら注意深く観察したところで、それだけで人の心がすべてわかるわけではありません。

特に高校生ともなると、友人たちもそれなりに社会性が身についています。何かを頼んだ時にも、大抵「うん、いいよ」と特に嫌な顔を見せずにやってくれます。でも私は「本当は心の中で舌打ちしているのではないか」と、いつも不安に思っていました。

ある日、友人と二人でコンビニに行った時、彼は冗談っぽく「面倒くせえなぁ」と言いながら私のために扉を開けてくれました。

普通ならムッとする場面かもしれませんが、私はむしろ「本音を出してくれたんだな」とホッとしました。

扉を開けるのも、一度や二度ならいいでしょう。しかし、毎回やっていたら面倒だと思うのは当然です。その気持ちを隠すことなく伝えてもらえて、かえって安心できたのを覚えています。

今思えば、彼の方こそ私をよく観察していて、私の気を楽にするために、わざと「面倒くせえなぁ」と冗談を言ってくれたのかもしれません。

4人目の壁

さて、これまで、さもコミュニケーションが得意な人間であるかのように書いてきましたが、失敗もたくさんしています。

特に起業してしばらく経った頃、大きなスランプに陥ったことがあります。

学校に通っていた頃は、今から思えば、随分のんびりしていました。授業中にそれとなく周囲の様子をチェックして、休み時間にちょっと話しかけてみたり、友人の様子を把握する余裕が充分にありました。

ところが起業して忙しくなってくると、「人をよく観察する」どころではなくなりました。あれもこれもやらなければならない、学生時代とは次元の違う忙しさです。とても一人一人の表情をじっくり窺っている暇などありません。

それでも民野と二人でやっていた時は、私と民野の間に双方向のコミュニケーションの線が一本あるだけなので楽でした（以下、左図参照）。岸田が入って3人になった時も、描く線は三角形。コミュニケーションの線はまだ3本です。

しかし二期目に入り、4人目のスタッフが入ってくると、必要なコミュニケーションの本数が一気に6本に倍増しました。さらに5人目のスタッフが入り線が10本になると、スタッフ間の意思疎通がうまくできず、仕事の正確さやレベルがガクッと落ちてしまったのです。

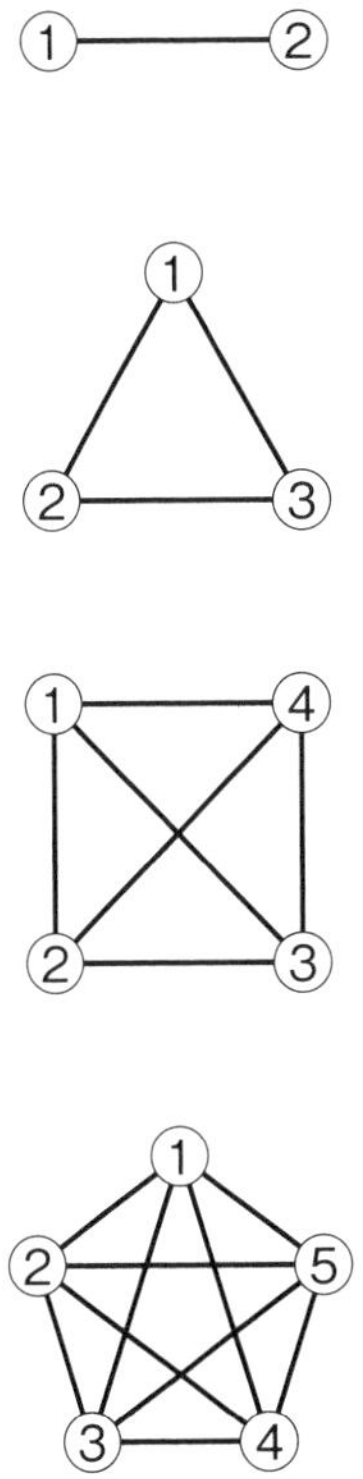

ミライロの仕事は、営業やお客様との打ち合わせなど外回りの業務が多いので、朝礼以外は顔を合わせない日も少なくありません。そのような状態で情報伝達の不足や、経過報告の遅れが起きると、仕事のクオリティやスピードの低下に直結します。

実際、納期の確認に行き違いがあったり、お客様からの特別なリクエストを反映できていなかったり、あってはならない失態が続出しました。

こうなると起きてくるのが「言っただろ」「俺は聞いてない」といったお決まりの諍《いさか》いです。私もすっかり余裕を失い、当初目標にしていた「お互いが認め合う企業文化」どころではなくなってしまいました。

その結果、大切なスタッフが辞めてしまったりして、私は「このままでは会社が潰れる」と大きな危機感を抱きました。

メールをやめる

そこで、私が社内に導入したのが「ChatWork」というチャットツールです。

ChatWorkのイメージ

メールは「いつもお世話になります」といった形式ばった挨拶から始まる暗黙のルールがあります。一方、チャットの場合は、会話感覚でメッセージのやりとりができ、スタッフ間のコミュニケーションが円滑になりました。

「LINE」のビジネス版だと思っていただくとわかりやすいかもしれません。

リアルタイムでメッセージを送り合うので、その場にいないスタッフもチャットを見れば内容を追体験できます。これによって、毎日の通勤が難しい障害のあるスタッフも格段に働きやすくなりました。

スタッフ間のコミュニケーションロスが減っただけでなく、それぞれの業務の効率も大幅にアップしたのです。

ミライロでは社外の方へ連絡する時はメール、社内で意思疎通を図る時は「ChatWork」と使い分けています。

違いを認め合う

私は起業した時から「お互いが認め合う企業文化」をつくることを目標にしてきました。それが何よりも組織としてのバリューを生み出すと信じているからです。

とはいえ、皆が毎日忙しく働いている中で、認め合う文化をつくるのは簡単ではありません。目の前の仕事に必死になればなるほど、ホメたり感謝を伝えたりする機会がなくなり、そもそも人をよく見る余裕すら失ってきます。そんな時期が続くと、どうしても会社の雰囲気が悪くなってしまいます。

そこで、私が導入したのは「Ｈｏｏｏｐ」（フープ）というSNSです。

これはスタッフの「いいな」と思った行動に対して、「ありがとう」など感謝の言葉を添えて、そのシチュエーションに応じた「アイデア」「スピード」「向上心」など様々なバッジを贈り合うというツールです。フェイスブックの「いいね！」ボタンを、バッジに変えたような仕組みといえばわかりやすいでしょうか。

たとえば私は、「今日の会議ではアイデアをいっぱい出してくれてありがとう」「今週の仕事にはスピード感がありましたね」といった言葉を添えて、それに合ったバッジをスタッフに贈っています。

スタッフが私にバッジを贈ってくれることもありますし、スタッフ間でもお互いにいろいろなバッジを贈り合っています。「ＨｏｏｏＰ」を導入してから、スタッフが自分のことだけにかまけるのではなく、周囲をよく見るようになりました。

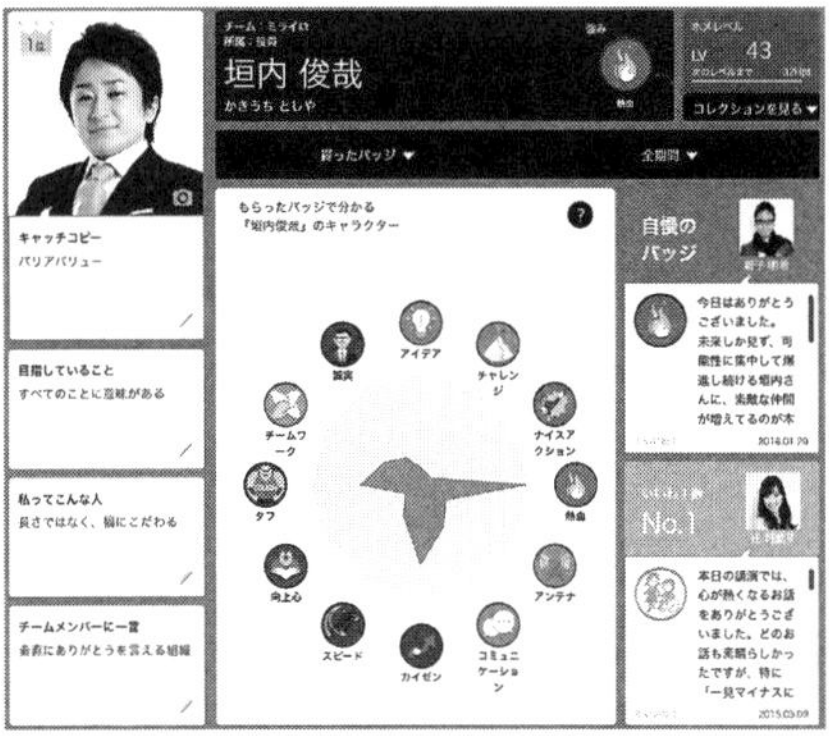

Hooopのイメージ

そして、ここが重要なポイントなのですが、バッジは基本的にすべて「ホメる」ものばかりです。すると自然に、相手のマイナス部分ではなく、プラス部分に目が向くようになります。

実は、私と民野が起業して間もない頃、「ありがとうカード」と「モヤッとカード」という仕組みをつくったことがあります。

何か助けてもらったことがあった時は「ありがとうカード」を、何か納得できないことがあった時は「モヤッとカード」を贈ることにしたのです。

しかし「モヤッとカード」は、完全に逆効果でした。

「モヤッとカード」をもらって素直に反省したり思い直したりするならいいですが、人間そうはいきません。なおさらモヤッとしてしまい、次第に社内の雰囲気が悪くなっていきました。そのようなわけで、この二つのカードはすぐに廃れていきました。

やはり人から短所や欠点などを指摘されても、なかなか受け入れられないのが人間です。むしろその人の長所や得意分野をホメて伸ばしたほうが、マイナスを補えるのでしょう。

ホメることの効用

「ホメる」を見える化する「Ｈｏｏｏｐ」は、「お互いが認め合う企業文化」をつくるのに貢献してくれました。

しかも、私にとっては、他にも思わぬ効用がありました。

まずスタッフ間のやり取りから、自分がいなかった場面でも、誰がどのように頑張っていたのかを、よく知ることができるようになりました。

これは想定の範囲内ですが、それでも「バッジを多くもらっているのは誰か」「よく人にバッジを贈っているのは誰か」「誰にどのバッジが集まりやすいか」……これらを見ていると、意外なほどそれぞれのスタッフの個性や状況が「見える化」してくるのです。

わかりやすい喩えで言えば、Aというスタッフは「熱血」「向上心」のバッジがよく集まっているけど、「チームワーク」「コミュニケーション」のバッジは比較的少ない。そもそも人からたくさんバッジを貰っているのに、Aからはあまり人には送っていない。となれば、Aには大人数のチームで回す仕事を任せるより、個人プレーが活かせる新規の顧客開拓を任せた方がいいかな、などと思うわけです。

あるいは、Bというスタッフは、今までたくさん人にバッジを贈っていたのに、最近急にその数が少なくなった。改めて見てみると、これまで集まっていたバッジは「誠実」「たよれる」が多い。もしかしたら、一人で多くの仕事を抱え込んでしまい、余裕を失っているのかもしれない。今度ちょっと話を聞いてみようか、などと考えたりもできます。

まずは自分をホメる

先ほどから、人をうまくホメるためには、相手をよく見ることが基本だと書いてきました。

とはいえ、「相手を一生懸命よく見ても、ホメるところが見当たらない」「どうすれば、うまくホメるポイントを見つけられるのかわからない」という人も多いかもしれません。人には相性もありますし、好き嫌いもあります。日の当たっているところに目が向きやすい人もあれば、陰の部分に自然と目が向いてしまう人もいます。それは仕方がないことです。

相手の弱点や短所ばかり見えてしまう人は、それを裏返して見るようにしてみましょう。相手の短所を短所と決めつけているのは、しょせん自分自身の価値観に過ぎません。その価値観を思い切って裏返してみれば、そこに意外な価値が見えてくるはずです。

例えば、飽きっぽい人がいたとします。根気がない、集中力がない……マイナスの部分にフォーカスすると、いくら考えてもホメる材料は見つかりません。けれども、「飽きっぽいけど、その分、切り替えが早い」「飽きっぽいけど、その分、パッとアイデアを思いつく力はある」などと、相手のバリアを裏返してバリューを発見すればいいのです。

「あの人には、ホメるところが一つもない」と考えてしまった時、むしろ本当の危機を迎えているのはその人自身かもしれません。人をあまりホメられない人は、自分に対しても厳しい目を向けてしまう人が多いように思います。

ネガティブな人よりもポジティブな人に魅力を感じやすいのが人間ですから、あまりに自分をネガティブに捉えてしまうと、人からもなかなかホメられなくなってしまうという、悪循環に陥りかねません。

時には自分自身のこともホメてみましょう。自分のことをホメられるようになった時、自然と相手のことも上手にホメられるようになっているはずです。

叱るコツはあるか

人にホメられればやる気が起きますし、人をホメようとすれば視野が広がります。

とはいえ、ホメるだけで会社が回っていけばいいのですが、そうもいかないのが現実です。私も時にスタッフを叱らなくてはならない場面もあります。

正直、「叱る」ことについては自信がありません。私も日々悩んでいます。

一応、「本人が受け止めやすいように、ホメてから、できていないところを注意する」「プライドを傷つけないように、場所を変えて、一対一で注意する」など基本的なことは心がけていますが、これぞバリアバリューだと言えるようなスキルは特にありません。

ただ、これは「叱る」と言えるかどうかわかりませんが、とても印象深い体験がありま す。

ある大学のバリアフリーマップを制作させていただいた時に、信じられないほど多くのミスが発生しました。しかも、あろうことか、そのミスはお客様のご指摘で発覚したのです。

お客様から送り返されてきたマップを見ると、誤字脱字といった文字のミスや色指定のミスがいくつも見られました。

プロジェクトチームの全員が「他の誰かがチェックするだろう」と考えて、誰も自分で入念にチェックしなかったのです。

「大切なお客様にこんなものをお渡ししてしまったのか」

「なぜお渡しする前に気づけなかったのか」

マップを手にしながら私は悔しさでいっぱいになりました。そして気がついた時には、スタッフの前で涙を流していました。

その時は、スタッフを責めるという思いはなく、とにかくショックで、自分の至らなさが悔しかったのです。

涙する私の姿を見て、スタッフは皆、凍り付いていました。

社員の前で涙を流すなんて、経営者として失格でした。

それでも、この一件以来、社内の雰囲気がガラっと変わりました。それまでも充分、気を引き締めて仕事をしていたつもりですが、この時からミライロは本物の「仕事に対する厳しさ」を持てるようになったのかもしれません。

何よりもまず自分が本気で反省すること。それが、どんな叱り方よりも、失敗を価値に結びつけるのかもしれません。

第3部　バリアバリューから未来へ

第7章　世界にバリアバリューを

日本はユニバーサルデザインの先進国

実は、日本のユニバーサルデザインは世界的に見てもトップクラスです。

福祉制度の進んでいるヨーロッパや、ユニバーサルデザインという言葉が生まれたアメリカに比べると、なんとなく「日本は遅れている」と思い込んでしまうのも無理はありません。

しかし、たとえば日本の駅のエレベーターの設置率は78％ですが、アメリカの駅は48％。日本にいる時のほうが移動に不便を感じません。

ヨーロッパも街中は石畳が多いので、障害者や高齢者にとっては外出しづらい環境です。その点、日本の道路はアスファルトで鋪装されているので、車いすに乗っていたり、杖をついたりしていても、凸凹にひっかかって転ぶ危険性は低くなっています。

点字ブロックを50年も前に世界で初めて開発し、敷設したのも日本です。今でも世界中でもっとも点字ブロックが普及しています。以前、海外からやって来た視覚障害のある方が、「視覚障害者にとって日本は天国だ」と言っていました。

ここまでバリアフリーが進んでいる国はなかなかありません。日本のユニバーサルデザインは、胸を張って誇れるものだと思います。

根深い「意識のバリア」

その一方、日本が少し遅れを取っている点もあります。

それは「意識」におけるバリアがあるということです。

日本では、設備面のバリアフリーはどの国よりも進んでいるのに、高齢者や障害者への適切な向き合い方がわからない人が多いようです。

逆もまた同じです。そもそも高齢者や障害者も「周囲の人に迷惑をかけたくない」と、外出するのを躊躇してしまうケースが多いようです。

私が電車で通勤する時、気になることがあります。一人で電車を待っていると、ホームにいる人たちが私をチラチラ見ながら、「一人で乗れるのかな」、「駅員さんに教えた方がいいのかも」と、不安そうな表情をしています。

「手助けしてあげたい」という親切心と、「お節介になってしまうかも」という遠慮がせめぎ合っているのが伝わってきます。まさに繊細な日本人ならではの葛藤《かっとう》ですが、電車に乗るまでの間、ずっと微妙な空気の中にいるのは、少し気疲れします。

無関心か、過剰か

無関心か、過剰か。

日本人は、障害者や高齢者に対してこのどちらかで向き合うことが多いように感じます。

見て見ぬフリをする無関心か、「そこまでしなくてもいいですよ」と思うくらいに過剰か。

どちらも「悪い」ふるまいだとは思いません。無関心は、先ほども触れたように、日本人特有の遠慮という優しさが現れているだけかもしれません。過剰は、思いやりや、優しさが膨れ上がった結果かもしれません。ですが、いずれもあまり適切な向き合い方ではないでしょう。

なぜ無関心か、過剰になりがちになってしまうかと言うと、それは高齢者や障害者と向き合うことに、なんらかの不安を抱いているからです。どうすればいいか、わからないからです。

「大丈夫ですか？」と尋ねると、手を貸してもらいたくても、反射的に「大丈夫です」と誰もが答えてしまいがちです。その点、「お手伝いできることはありますか？」という聞き方なら、「では、お願いできますか」とも「いや、結構です。ありがとうございます」とも答えやすいように思います。

英語圏で「May I help you?」というフレーズが定着しているのも頷《うなず》けます。

「以心伝心」から「一声かける」へ

これはユニバーサルマナー検定の講義でもよくお伝えする話ですが、たまに車いすでレストランに入ると、店員の方がさっとテーブルのイスを片付けて、席まで案内してくれることがあります。

素晴らしい気遣いのように思えますが、これは過剰な配慮となってしまう危険があります。

車いすに乗っている人の中には、テーブルのイスに移りたいと考えている人もいます。車いすだとテーブルとの高さが合わずに食べづらく、しかも、大抵の人はずっと車いすに座っているので、イスを変えたほうが楽だったりします。特に、高齢の方は床ずれができやすいので、イスに移った方がいいでしょう。

プロの店員の方はともかく、一般の方は「そんな細かいことまで、知らないよ！」と、面倒に思うかもしれません。

だからこそ、日本特有の「以心伝心」の先回りでなく、一声「何かお手伝いできることありますか?」と聞く習慣を定着させることが大切なのではないかと私は考えています。

先ほどのレストランの例で言うと、慌ててイスを片付ける前に、「いらっしゃいませ。車いすのまま食事をとられますか? それとも、イスに移られますか?」と一声かけていただけると、双方にとってバリューを生む結果になるでしょう。

つまり、無関心でも過剰でもなく、一声かけるといったさり気ない配慮が、文化として定着すればよいと考えています。

高齢者だからこうしなさい、障害者だからこうしなさい、といった答えは何一つ存在しません。目の前にいる人は、それぞれ思っていることも、考えていることも違う唯一無二の存在です。

まずは一声かける、わからないことは聞く、といったコミュニケーションが大切です。

たとえば、皆さんが服を買いに行くと、店員さんが「何かお探しですか?」「他のサイズもありますよ」などと、さりげなく声をかけてくれるでしょう。お客さんの側も、「こんな感じの服を探しているのですが……」と相談したり、「いや、見ているだけなので大丈夫です」と遠慮したり、お互いさほど意識のバリアを感じることなくスムーズにふるまっているのではないかと思います。

それと同じように、障害者や高齢者に対しても、気軽に声をかけるような社会にすることは、充分に可能でしょう。店員とお客さんの関係と、街中の個々人のランダムな関係とは、若干の違いがあるかもしれません。ただ、現状の「意識のバリア」が、優しい気遣いから生じているものである以上、それは必ずバリューに変えることができると私は考えています。

先日、東京の品川女子学院の中高生を対象にユニバーサルマナーをお伝えする機会がありました。「困っている障害者や高齢者に自信を持って声をかけることができますか？」というアンケートを取ったところ、講義前は80％の学生が「ＮＯ」と答えました。それが、講義後には98％もの学生が「ＹＥＳ」と答えてくれました。まずは知ってもらうことから、文化は定着していくのだと手応えを感じました。

これから日本で起きること

ここ数年、ユニバーサルデザインの普及に向けて、強力な「追い風」が吹いているのを感じます。

日本では２０１６年4月から、障害者差別解消法が施行されます。

この法律では、自治体や民間企業に対して二つのことを定めています。一つは障害者の差別的扱いを禁じること。もう一つは障害者に対して合理的配慮を提供することです。

差別的扱いの禁止とは、正当な理由なく、たとえば「車いすだから」という理由だけで施設の利用を断ったり、レストランで補助犬の同伴を拒否したりすることを禁じることです。

もう一つの合理的配慮の提供とは、すこしわかりづらいのですが、たとえば役所の窓口などで視覚障害者には書類を読み上げて説明したり、聴覚障害者には筆談で対応したりといった、可能な限りの配慮をしましょうということです。

もちろん階段に手すりをつけたり、スロープをつけたりといった、ハード面での配慮も大切ですが、コミュニケーションや人的サポートといったソフト面での配慮は、今すぐできることでしょう。

さらに、もう一つ「追い風」を感じるニュースがありました。

東京の渋谷区が、全国の自治体に先駆けて、同性カップルに「同性パートナーシップ証明書」という、結婚に相当する関係と認める証明書を交付する条例を制定しました。今後、多くの自治体がこれに追随することが期待されています。

障害者差別解消法の施行や、LGBTの人への配慮が進むことによって、今後ますますハードとソフト両面でのユニバーサルデザインが求められていくでしょう。

行政機関や公共施設はもちろん、民間企業も急激に意識が変わっていることを、現場にいて肌で感じています。

そして、満を持して2020年、オリンピック・パラリンピックが東京で開催されます。これをきっかけに、ユニバーサルデザインを広げていこう、ビジネスチャンスにつなげていこう、と社会全体で盛り上がっていく兆しが見えます。

新幹線や首都高などを次々と完成させた1964年の東京オリンピックの前も、こんな高揚感があったのかもしれないなと思っています。

日本から世界へ

昨年、出張でミャンマーへ赴いた時です。

久しぶりに、「歩けない」ことを辛いと感じました。バリアフリー化が進んでいないので、周囲のサポートなくして、一人では外出することすらできず、自分の非力さを痛感しました。

ミャンマーは今、急激な経済成長を遂げていますが、基本的な社会インフラはまだ十分に整っているとは言えません。

話を聞くと、歩けない人でも車いすを持っているのは稀《まれ》で、理由は車いすがあっても役に立たないからとのことでした。

旧首都ヤンゴンにて開かれた講演会にはミャンマー全土から、起業を志す方々に参加いただきました。

一人の障害のある若者は、棒のような杖を使い、足を引きずりながらも二日間、バスや電車を乗り継いでヤンゴンまで来てくれました。また、14時間もバスに乗って参加してくれた女性もいました。彼女は足が不自由であるため、バス移動の最中にトイレへ行かなくていいようにと、二日間も飲まず食わずで、この日に備えたと聞きました。

それでも、彼ら彼女らの口から「辛い」という言葉を聞くことはありませんでした。私はいかに自分自身が、環境や人に恵まれて、生きてきたのかを痛感しました。

私の病気は遺伝性で、先祖代々受け継がれてきたものです。自分の先祖もこのように不自由な生活を送っていたのだろうと考えると、胸が締め付けられるような、言葉では言い表せない感覚になりました。

ホテルの部屋の窓から、発展途上の活気ある街を眺めながら、もっと世界に視野を広げ、自分のバリアを活かしていこうと心を新たにしました。

おわりに——人生の幅は変えられる

心肺停止になって考えたこと

2013年4月、私は手術を受けました。

これまでにも手術は何度も受けてきたので、定期的なメンテナンスのような感覚でいました。手術のことより、むしろ「自分がいない間、会社は大丈夫かな」ということばかりが気になっていました。

全身麻酔を用いた手術は、7時間にも及びました。

本来ならそのあと麻酔から覚めて、すぐに病室へ戻れるはずでした。ところが、私は自発呼吸ができず、そのまま5分間の心肺停止に陥りました。気管に再挿管され、全身に何本もの管が繋がれました。

――3日間の昏睡状態のあと、私は奇跡的に目を覚ましました。

意識を取り戻した時、私はまだ鎮静薬で朦朧《もうろう》としていました。それでも、ベッドの脇で父と母が不安そうに私を見ているのがわかりました。

母が「手術頑張ったね」と言いました。私が何とかうなずくと、母はずっと堪《こら》えていたのであろう涙を、一気に溢れ出させました。母だけでなく、父が涙を拭《ぬぐ》う姿を見て、私も涙がこぼれました。

看護師さんが筆談ボードを持ってきてくれて、私は震える手を使い、やっとのことでこう書きました。


『ミライロ』『連絡』


母は大きくうなずくと、急いで電話をかけに走っていきました。

ドリンカーの救命曲線によると、私のように5分間呼吸停止した場合、蘇生する確率は

25%しかないそうです。「三途の川がバリアフリーになっていなかったから戻ってきました」と、今では講演会でネタにしていますが、本当に運が良かったなと思います。

もともと、私は骨の病気の他に、いくつかの病気と向き合っています。いつ何が起こるかわからない身体だと言われてきました。

人生の時間に限りがあることは、誰にとっても当たり前の真実ですが、心肺停止を経験したことによって、改めて、残された時間を意識するようになりました。

長さではなく、幅にこだわる

生きていれば、後悔はいくらでもするものです。後悔を無くすことはできなくても、減らすことはできます。仮に後悔が残ったとしても、それは次に活かすことができます。

いつ、何が起こるかわからない人生です。明日が保証されている人などいません。神様から与えられている時間は変えられないかもしれません。

それでも、人生の幅は自分の力でいくらでも変えることができると私は信じています。

いつ、人生の終わりを迎えてもいいように、やりたいことはすぐにやる。思いを伝えることは先延ばしにしない。目の前のことを着実にやり切って、一日一日を生き抜くよう、いつも自分に言い聞かせています。

人生の長さは変えられなくても、人生の幅は変えられる。

残された時間を、私は長さではなく、幅にこだわりながら、歩んでいけたらと願っています。

本書が、皆さんの人生の幅を少しでも広げるきっかけになれば嬉しく思います。

装　幀　新潮社装幀室
帯写真　菅野健児
（新潮社写真部）
※中面の写真はすべて
株式会社ミライロ提供

〈著者略歴〉
垣内俊哉（かきうち・としや）
株式会社ミライロ代表取締役社長。日本ユニバーサルマナー協会代表理事。1989年生まれ、岐阜県中津川市出身。立命館大学経営学部在学中の2010年、㈱ミライロを設立。障害を価値に変える「バリアバリュー」の視点から、企業や自治体、教育機関におけるユニバーサルデザインのコンサルティングを手がける。2014年には日本を変える100人として、日経ビジネス「THE100」に選出される。2015年より、日本財団パラリンピックサポートセンターの顧問に就任。

バリアバリュー
障害《しょうがい》を価値《かち》に変《か》える

著　者　垣内俊哉《かきうちとしや》

発　行　2016年 3 月 20 日
3　刷　2017年 11 月 10 日

発行者　佐藤隆信
発行所　株式会社新潮社　郵便番号 162-8711
東京都新宿区矢来町 71
電話：編集部 03-3266-5611
読者係 03-3266-5111
http://www.shinchosha.co.jp
印刷所　株式会社三秀舎
製本所　株式会社大進堂

ISBN978-4-10-339991-9　C0095
価格はカバーに表示してあります。

一勝九敗 柳井正

山口生まれの内気な一人息子が、家業の紳士服店を「ユニクロ」に育て上げるまで。数え切れぬ失敗の歴史と独自の経営哲学を惜しみなく公開する。意欲ある働く人へ。

成功は一日で捨て去れ 柳井正

安定志向が会社を滅ぼす！　現状を否定し、社内改革への挑戦を続けるユニクロ。経営トップが明かす悪戦苦闘の記録。前著『一勝九敗』から六年、待望の最新経営論。

ユニクロ思考術 柳井正・監修

快進撃の秘訣は、常識を覆す思考術にあった！最前線で働くキーマンたちが、その仕事力の要諦を惜しげなく公開する。既成概念を打ち破り、考える力を鍛える必読書。

長期投資家の「先を読む」発想法
10年後に上がる株をどう選ぶのか 澤上篤人

目先の数字に騙されるな。経済の原理原則がわかれば、未来は読める。株一筋43年、預かり資産3000億のファンドマネジャーが実践している資産運用術の集大成。

リッツ・カールトンで実践した
働き方が変わる「心の筋トレ」 高野登

しなやかな心を作るために、ホスピタリティの達人が日々実践してきた「心がけ」のトレーニング。忘れがちな「素直さ」「謙虚さ」「感謝」に気づき直すために。

藻谷浩介対話集
しなやかな日本列島のつくりかた 藻谷浩介

農業、医療、商店街、限界集落、観光、鉄道、まちづくり……地元から奇跡が始まっている！地域再生の現場を知り尽くす著者を驚かせた7つの意外な〝現智〟とは？

なんにもないから知恵が出る
驚異の下町企業フットマーク社の挑戦

磯部成文
三宅秀道

会社が小さい？　それがどうした！「市場丸ごとの創造」を繰り返し、「介護」という言葉も発明した中小企業の秘密を、トップと経営学者の対話で徹底解明する。

ヘッドハンターだけが知っている プロ経営者の仕事術

古田英明

25年にわたって2000人以上のエグゼクティブを見定めてきたカリスマヘッドハンターがトップエリートの仕事術とリーダーシップを徹底分析、その極意を伝授。

逃げる勇気
「できる人」は九割を捨て、たった一割で勝負する

崇　史

いつも結果が出ないのは「上手に逃げられない」から。理不尽な依頼の断り方、面倒な作業を押しつける技術まで、あなたの重荷を軽くして成功へと導く最高の仕事術。

「働き方」の教科書
「無敵の50代」になるための仕事と人生の基本

出口治明

40代までに何を学ぶか、50代からをどう生きるか。49歳で突然左遷され、59歳でライフネット生命を起業した著者が語る、悔いなく全力で仕事をするためのルール。

人はデータでは動かない
心を動かすプレゼン力

渡辺啓太

世界一のデータ収集力で全日本女子バレーボールチームの強化に貢献してきた初の専属アナリストが、最も大事にする極意とは？　数字や情報の価値は伝え方で決まる。

未来を切り拓くための5ステップ
起業を目指す君たちへ

加藤　崇

ヒト型ロボットベンチャー企業を立ち上げ、日本人で初めてグーグルへの売却に成功させた男が、基礎からステップバイステップで教える起業コンプリートガイド。

GE世界基準の仕事術　安渕聖司

一世紀以上の歴史を経て、エクセレントカンパニーとして輝き続けるGE。国際競争を勝ち抜いてきた企業の仕事術を伝授。グローバルビジネスのヒントがここにある。

和の国富論　藻谷浩介

なぜ競争するほど生産性が落ちるのか。なぜ十分な富があるのに貧困・格差が広がるのか。経済再生を導く「和力」とは何か。「現智の人」に学ぶ、脱競争の成長戦略。

スープで、いきます
商社マンがSoup Stock Tokyoを作る　遠山正道

《ビジネス経験ナシ、食は素人》の一社員が〝スープ〟をひらめき、会社員のまま社長になって「世界一」を目指すまで。これが、新しいビジネスだ。

反グローバリズムの克服
世界の経済政策に学ぶ　八代尚宏

「輸出は得、輸入は損」という国民の思い込みが、日本経済の再生を妨げている。世界各国の構造改革の事例から、日本の国益と経済戦略のあり方を考える。
《新潮選書》

貨幣進化論
「成長なき時代」の通貨システム　岩村充

バブル、デフレ、通貨危機、格差拡大……なぜ「お金」は正しく機能しないのか。「成長を前提としたシステム」の限界を、四千年の経済史から洞察する。
《新潮選書》

決断の条件　会田雄次

日本人はなぜ「優柔不断」なのか。なぜ「思いつき」で決めてしまうのか。マキァヴェリ、韓非子、孫子など先哲の言葉から、意思決定の要諦を導きだす。
《新潮選書》

決定版カーネギー
道は開ける
あらゆる悩みから自由になる方法
D・カーネギー
東条健一訳
この本に書かれたほんの少しの行動をするだけで、あなたの人生は劇的に変わる。画期的新訳で甦る「本当のカーネギー」。ストレス社会を生きる現代人の必読書。

決定版カーネギー
話す力
自分の言葉を引き出す方法
D・カーネギー
東条健一訳
正しい話し方を身につければ、すべての聞き手は味方にできる。名著『人を動かす』の著者が辿り着いた人前で緊張せずに話すための秘訣。時代を超えたロングセラー。

座らない！
成果を出し続ける人の健康習慣
トム・ラス
牧野洋訳
座っていると仕事の効率が下がり、寿命も縮む。ベストセラー作家が最新の研究結果から導き出した、毎日最高の状態で働くための食事・運動・睡眠のルール。

部長、その勘はズレてます！
「A／Bテスト」最強のウェブマーケティングツールで会社の意思決定が変わる
ダン・シロカー
ピート・クーメン
栗木さつき訳
採用すべきはA案かB案か？ ウェブ上で競わせれば、答えはデータが教えてくれる。顧客獲得や売上上昇に劇的な効果をもたらし、企業文化の変革を促す画期的手法。

ＴＥＤトーク 世界最高のプレゼン術
ジェレミー・ドノバン
中西真雄美訳
世界の著名人が最上級のプレゼンを披露する大注目のイベント「ＴＥＤ」を徹底研究。聴衆を魅了するスーパープレゼンテーションのテクニックをあなたに伝授する一冊。

ＴＥＤトーク 世界最高のプレゼン術【実践編】
ジェレミー・ドノバン
中西真雄美訳
世界の著名人が最上のプレゼンを披露する話題のイベント「ＴＥＤ」。【基礎編】の前作に続き、より実践的な、聴衆を魅了する「１０５のスピーチ・テクニック」を伝授！